Evans Chama

Quelle évangélisation faut-il pour la personnalisation de la foi ?

Evans Chama

Quelle évangélisation faut-il pour la personnalisation de la foi ?

Le cas de la paroisse St-Étienne, Kinshasa.

Éditions Croix du Salut

Imprint

Cover image: www.ingimage.com

Publisher:
Éditions Croix du Salut
is a trademark of
International Book Market Service Ltd., member of OmniScriptum Publishing Group
17 Meldrum Street, Beau Bassin 71504, Mauritius

Printed at: see last page
ISBN: 978-613-7-36533-5

Résumé

L'annonce de la Bonne Nouvelle du salut de Jésus Christ n'est pas statique. Elle est toujours dynamique car il s'agit d'incarner continuellement ce message dans le temps, l'espace et le contexte des gens dont la société est toujours en mutations. Voilà pourquoi dans ce travail je pose la question : quelle approche d'évangélisation faut-il aujourd'hui pour la personnalisation de la foi ? Je ne suis ni le premier ni le dernier à poser cette question car cette question fait partie de chaque travail d'évangélisation à tout moment et en toute situation. Ce qui préoccupe ici ce sont les signes dissimulés de la sécularisation dans le christianisme comme pratiqué en Afrique.

Avec le monde de l'Occident qui est fort sécularisé, vu la diminution des pratiquants et la pénurie de prêtres, on regarde avec espoir, peut-être, vers l'Afrique où les églises sont toujours pleines le dimanche et où il y a encore des vocations. Il est normal qu'on parle d'elle comme l'avenir de l'Église.

Pourtant, faut-il se contenter avec les conclusions d'un regard superficiel ? Il est important de considérer les choses de tout près. En fait, bien que les églises soient pleines pourtant le pourcentage de fidèles qui remplissent les églises est faible par rapport à la population en général. En plus, quelles sont les mentalités et tendances qui empreignent cette pratique religieuse ? L'influence culturelle et utilitariste provoque la question quant à la profondeur de la foi qui inspire cette religiosité. En essayant de donner une réponse à toutes ces questions il m'apparaît clairement que l'Afrique est aussi atteinte par la sécularisation. Voilà pourquoi, ce travail inspiré par des questions de mon expérience pastorale, cherche à comprendre ce christianisme pratiqué en Afrique pour pouvoir évangéliser de manière qui promeuve la foi comme réponse personnelle.

Vu la similarité du problème commun de la sécularisation, bien qu'il se manifeste différemment, comme approche je mets en miroir l'Église d'Afrique et celle de l'Occident dans la problématisation des questions, des réflexions et aussi pour les possibles solutions. En fait, l'Afrique commence à sentir les mutations que l'Occident a vécues déjà pendant des décennies. L'Afrique a beaucoup à apprendre de réflexions de longue expérience que l'Église d'Occident a faites.

Remerciements

J'adresse mes remerciements à toutes les personnes qui, de manières diverses, ont contribué à ce travail.

Particulièrement, mes sincères remerciements aux professeurs Stijn Van den Bossche et Lieve Orye, promoteur et co-promoteur, qui m'ont accompagné dans l'élaboration et le développement du mémoire surtout par leurs remarques et conseils.

Merci à mes confrères Walrave Neven et Gérard Malherbe qui ont relu et corrigé ce travail.

Mes remerciements vont également aux professeurs et à toute l'équipe administrative de Lumen Vitae.

Je suis reconnaissant à mes supérieurs de la Société des Missionnaires d'Afrique et à mes confrères de la communauté de La Plante à Namur qui, par leurs questions et leur intérêt pour mon sujet, m'ont stimulé et encouragé à aller jusqu'au bout de ce travail.

Table des matières

Sigles et abréviations..3
Introduction générale...5
1ère partie. La situation problème: présentation et analyse 7
Chapitre I: scénario de la pratique religieuse..7
1.1. Un milieu culturellement religieux..7
1.2. Religion dans la vision africaine du monde...9
1.2.1. Structures de la société..9
1.2.2. Unité de la vie et ses implications..10
Chapitre II : Les cas rencontrés dans mon ministère...11
2.1. Influence de la vision africaine du monde sur les chrétiens..................................11
2.1.1. Manque d'infrastructures...11
2.1.2. Difficultés économiques..12
2.1.3. Les défis familiaux..12
2.2. Interprétation du vécu – cas de quelques paroissiens de St-Étienne...........................12
2.2.1. Enfants accusés de sorcellerie...12
2.2.2. Cas de maladie ou décès dans la famille..13
2.2.3. La pratique du commerce..13
Chapitre III : Une sécularisation subtile...15
3.1. Un christianisme sécularisé en Afrique..15
3.1.1. Définition et clarification du terme sécularisation......................................15
3.1.2. Sécularisation en Europe de la postmodernité...15
3.1.2.1. Institution..16
3.1.2.2. Relation avec l'autre suprême..16
3.1.3. Dynamiques de sécularisation en Afrique..16
3.1.4. Formes de sécularisation dans le contexte africain.......................................17
3.1.4.1. Diminution de l'assistance à l'église...17
3.1.4.2. Récupération des rituels pour le sens personnel..17
3.1.4.3. Mouvement des églises traditionnelles vers les sectes..................................18
3.1.5. Causes de la sécularisation dans le contexte africain....................................18
3.1.5.1. Migration en milieux urbains...18
3.1.5.2. Science..18
3.1.5.3. Idéologies...19
3.1.6. Les sectes comme terre fertile de sécularisation...19
4. Analyse...19
4.1. Continuité sans rupture fondamentale..19
4.2. La relation avec Dieu...22
4.3. Le piège de l'inculturation, comme penchant vers le syncrétisme.............................23
4.4. L'homme à la quête du bonheur...23
Conclusion : 24

2ème partie : Une évangélisation pour l'initiation à la foi....................................26
Chapitre I : Evangélisation une question permanente...26

1.1. Définition de l'évangélisation……26
1.2. Evolution de l'évangélisation en Afrique……28
1.2.1. Patronat……28
1.2.2. De Propaganda Fide……28
1.2.3. La Congrégation pour l'évangélisation des peuples……29
1.2.4. Perspectives théologiques de la mission……29
1.2.4.1. Salut des âmes……29
1.2.4.2. Implantation de l'église……29
1.2.4.3. De l'adaptation à l'incarnation……30
1.2.4.4. Libération et inculturation……31
1.3. Evangélisation comme question permanente……33
1.3.1. Sens de personnalisation de la foi……34

Chapitre II : Dynamiques d'initiation personnelle à la foi……36

2.1. Notion de nouvelle évangélisation……36
2.2. Lignes transversales de la nouvelle évangélisation……37
2.2.1. Rencontre avec la personne de Jésus Christ……37
2.2.2. Une évangélisation intégrale……39
2.2.3. Une évangélisation de rencontre et d'engendrement……43
2.2.4. Une communauté de chaleur humaine et de foi……46
2.2.5. Présence évangélisatrice des laïcs……48

Chapitre III : Fondement de la foi aujourd'hui……51

3.1. La foi comme expérience humaine et spirituelle……51
3.2. L'enjeu de la foi aujourd'hui……54
3.2.1. La foi proposée et accueillie librement……55
3.2.2. Initiation et accompagnement……57

Conclusion……58

3ème partie : Pistes pastorales pour un christianisme de foi……59

Chapitre I : Pourquoi la nouvelle évangélisation?……59

1.1. La mentalité stratégiste……59
1.2. L'adaptation superficielle……62

Chapitre II : Pistes pour la personnalisation de la foi……63

2.1. L'annonce……63
2.2. Proposer la foi……64
2.3. Respecter la liberté de choisir……64
2.4. Une initiation à la foi personnelle……65
2.5. Une catéchèse axée sur la personne……66
2.6. Une pastorale contextuelle……68
2.7. Une inculturation ouverte à l'Afrique d'aujourd'hui……69
2.8. Une église hôpital……70
2.9. Eglise comme ferment dans la société……71
2.10. Formation des agents pastoraux……72

Conclusion……74

Conclusion générale……75

Bibliographie……77

Sigles et abréviations

AG :	Ad Gentes
PO :	Presbyterorum Ordinis
DV:	Dei Verbum
EA :	Ecclesia in Africa
EG :	Evangelium Gaudium
EN :	Evangelii Nuntiandi
GS :	Gaudium et Spes
DC :	Deus Caritas
CELAM :	Conférence Episcopat Latino-Americaine
CL :	Christifideles Laici.
FR :	Fides et Ratio
RM :	Redemptoris Missio
SP :	Summi Pontificatus
UCAC :	Université Catholique d'Afrique Centrale

Introduction générale

Le thème de mon travail est né de mon expérience pastorale comme missionnaire en République Démocratique du Congo. Voilà pourquoi je veux d'abord me présenter pour mettre ce travail en son contexte et aussi pour situer ma position.

Présentation

Je m'appelle Evans Chama, originaire de la Zambie, et je suis membre de la *Société des Missionnaires d'Afrique (Pères Blancs).* Comme congrégation fondée spécialement pour l'évangélisation de l'Afrique, les Missionnaires d'Afrique se trouvent en 22 pays africains dans lesquels, pour la plupart, ils ont été les fondateurs de l'Église locale. Étant donné que l'Église locale est bien établie dans beaucoup de pays avec le clergé local, la Société des Missionnaires d'Afrique a, par conséquent, redéfini sa présence en Afrique. Elle considère maintenant les endroits vus comme *zones de fracture*, c'est-à-dire, les milieux pauvres ou marginalisés, comme des lieux privilégiés de sa présence missionnaire. Cela peut être les endroits ruraux les plus éloignés ou les bidonvilles des grandes villes.

Voilà pourquoi, après mon ordination en 2010, j'ai été nommée à la paroisse St-Étienne située à Kisenso qui, selon *Action Aid International*, est une des communes les plus pauvres de Kinshasa[1] en République Démocratique du Congo. Comme vicaire, ma responsabilité principale était l'accompagnement des jeunes et des enfants à travers les mouvements paroissiaux. J'étais impliqué aussi dans les différents projets paroissiaux de développement. C'est de cette expérience pastorale que sont nées les questions qui m'ont inspiré pour faire ce travail.

Un constat né de l'expérience pastorale

Au Congo, comme chez moi en Zambie, pratiquer la religion fait partie du mode de vie d'une grande majorité. Être croyant ou pas, cette question ne se pose pas souvent. C'est comme si cela allait de soi que tout le monde soit croyant. Donc, la religion est un cheminement de vie considéré comme ordinaire pour tout le monde. Cela fait que même ceux qui ne pratiquent pas ce n'est pas parce qu'ils mettent en question la religion ou la foi chrétienne. En effet, ils s'identifient d'une façon ou d'une autre à une Église ou une religion. Cette image de l'Église apparemment florissante se voit dans le bon nombre de personnes qui participent à la messe dominicale. Malgré les sectes qui naissent chaque jour et qui attirent beaucoup d'adeptes, les églises catholiques continuent à être pleines. La question d'aménager l'église pour les célébrations d'un petit nombre des personnes ne se pose pas encore. En fait, construire de nouvelles églises, plus grandes, c'est la préoccupation en beaucoup d'endroits. Le manque de prêtres n'est pas forcément une pénurie de jeunes qui veulent aller au séminaire mais plutôt à cause des besoins toujours grandissants. Est-ce que cela n'est pas un signe de la foi ? Ça pourrait l'être. C'est pour cela qu'on parle de l'Afrique comme l'avenir de l'Église. Cette situation en Afrique est juste le contraire en Europe, surtout l'Europe occidentale.

En Europe les églises se vident. Il n'y a qu'un petit reste de chrétiens, en majorité des cheveux blancs qu'on trouve à la messe. Les jeunes qui vont encore à l'église sont très peu

[1] Cf. Action aid international RDC, *Rapport d'évaluation de départ*, Kinshasa, 2012, p. 12.

nombreux, mal vus de leurs camarades non pratiquants. Certaines églises ferment leurs portes complètement tandis que d'autres sont désacralisées et transformées en d'autres choses profanes. La religion et la foi en Dieu sont mises en question par beaucoup de personnes. Ceux qui vivent une autre réalité religieuse comme en Afrique tirent vite et facilement la conclusion : la foi disparue en Europe, c'est la modernité et la science qui règnent. On parle comme si l'Eglise d'Afrique avait une place confortable, non touchée par la sécularisation. Cela risque de conduire dans l'évangélisation à une attitude de complaisance qui pourrait être dangereuse.

Voilà pourquoi il ne suffit pas de se contenter de ces signes abondants de religiosité en Afrique. Il faut essayer de les comprendre. Mais qu'est-ce qui est à la base de cette religiosité ? Quels sont les enjeux de ces signes religieux ?

Il ne s'agit pas d'une recherche de « vérité » ou une recherche de Dieu, mais plutôt s'agit-il de l'homme qui cherche des solutions à ses problèmes en passant par la religion. Cette observation me semble comme une expression de la sécularisation qui se cache dans les manifestations abondantes de religiosité en Afrique. Dans cette démarche c'est l'homme et ses besoins qui priment, pour lesquels Dieu et la religion sont au service. Mais comment appellerons-nous cette religiosité, abondante pourtant, qui semble instrumentaliser Dieu ? N'est-elle pas en un certain sens une manifestation de sécularisme qui s'avance ? C'est pour cela que dans ce travail je ne me limite pas à chercher des méthodes d'évangélisation qui comblent les lacunes de l'évangélisation antécédente. Indépendamment de la manière dont l'Afrique a été évangélisée, le monde d'aujourd'hui qui est en mutation pose de multiples défis à l'évangélisation. Donc, il ne suffit pas de regarder dans le passé mais plutôt tout le panorama d'évangélisation surtout les nouvelles questions qui naissent, notamment la sécularisation.

Une autre caractéristique qui se manifeste c'est la peur qui fait que la pratique de la religion devienne comme une recherche pour se sauver, surtout en cas de maladie ou décès dans la famille, manque d'emploi, ou un mariage qui ne marche pas bien. La question est donc : pourquoi cela m'arrive-t-il ? Qui veut me faire du mal ? Dans un tel climat de peur et de sentiment d'impuissance on a recours à la religion comme antidote.

C'est dans ces situations de mutations, d'incertitude et de peur que l'Église de Kinshasa, comme en beaucoup d'autres endroits en Afrique, est appelée à annoncer la Bonne Nouvelle. Mais cela demande une certaine manière d'accompagner les fidèles pour qu'ils puissent accueillir l'Evangile comme vraiment une Bonne Nouvelle de libération qui les aidera à grandir dans une relation avec Dieu par une foi personnelle.

Donc, mon travail s'inscrit dans cette recherche : comment accompagner ces chrétiens de Saint-Etienne, inquiets et peureux, afin de trouver une manière de vivre leur foi de manière assurée par une relation de foi personnelle et de confiance en Dieu ? Donc, l'Église a besoin de nouveaux efforts et approches pour annoncer l'évangile aux hommes de notre temps dans leur espace, temps et contexte.

Ce travail est divisé en trois grandes parties. En première partie, avec la paroisse St-Étienne à Kinshasa comme fenêtre, je présente le phénomène religieux commun à beaucoup d'endroits en Afrique, témoignent différents ouvrages consultés. De l'extérieur on voit la confirmation du propos, célèbre et ancien, de John Mbiti que l'Africain est notoirement croyant[2]. Pourtant, que dit-on de cette abondance de religiosité vue de près ? Voilà ce que je cherche à accomplir dans cette première partie.

Dans la deuxième partie, je réfléchis sur la question de l'évangélisation dans son sens, son histoire surtout à travers l'évolution des missions évangélisatrices. Je cherche à dégager le noyau pour savoir identifier et préserver l'essentiel de l'évangélisation aujourd'hui, surtout en vue de l'initiation à la foi personnelle. Considérant quelques enjeux de la foi dans un monde sécularisé, la fin de cette deuxième partie se pose la question : sur quoi peut-on compter comme base de la foi personnelle aujourd'hui ?

Suite à cette réflexion, en troisième partie, je tente de faire quelques propositions de nouvelles manières d'évangéliser pour répondre aux préoccupations pastorales évoquées dans la première partie.

[2] Cf. MBITI S. John, *African Religions and Philosophy*, London, Heinemann, 1969, p. 1.

1ère Partie. La situation problème : présentation et analyse

L'Afrique, et précisément le Congo, témoigne de signes abondants de la pratique religieuse. La religion occupe encore une place dans les expressions et dans la manière dont les gens vivent et interprètent les évènements de leur vie. Pourtant, il me semble que les gens vivent dans la peur et dans l'incertitude si bien que la pratique religieuse tourne autour du besoin de se sauver. En fin de compte, la religion est centrée sur l'homme et ses besoins. Mais une religion qui est de plus en plus considérée comme secours pour les besoins matériels, et moins comme relation avec le Transcendant, n'est-elle pas une terre fertile où fleurit la sécularisation ?

Pendant mon ministère à la paroisse Saint-Etienne, Kinshasa, j'ai rencontré des pratiques, chez les catholiques, qui provoquent questions en moi et qui me stimulent à vouloir comprendre quel est le fondement de leur pratique comme chrétiens.

Voilà pourquoi dans cette première partie de mon travail je veux d'abord présenter le scénario religieux de façon générale commune à beaucoup de traditions africaines. Deuxièmement, je veux présenter les cas rencontrés dans mon ministère et essayer de comprendre les croyances de fond qui alimentent ces pratiques. Et puis, en troisième lieu, j'analyse ces pratiques religieuses et pose quelques questions qui servent comme pont à la deuxième partie de ce travail.

PREMIER CHAPITRE
SCÉNARIO DE LA PRATIQUE RELIGIEUSE

1.1. Un milieu culturellement religieux

Dans beaucoup de traditions africaines pratiquer ou non la religion est une question qui ne se pose pas. La religion fait partie de la vie courante et il est inimaginable de vivre sans elle. Même avec les mutations de toute sorte qui n'ont pourtant pas épargné l'Afrique, cette vue traditionnelle de la religion demeure encore parmi une bonne majorité des gens. La religion n'est pas une option car elle est ancrée dans la vie des gens. Même pour ceux qui observent la religion de façon épisodique, des moments arrivent, surtout en cas d'épreuves, où leur religiosité est activée et ils ont recours à certains rituels. C'est pour cela que je trouve juste l'observation de Maurier quand il parle de la religion comme une pratique colorée par les soucis de la vie. « … La plupart des prières sont des demandes dont le contenu est essentiellement la vie à maintenir, à défendre, à promouvoir…Et ces demandes sont faites précisément quand le déroulement de la vie parait incertain, précaire, d'abord lorsqu'un malheur frappe l'individu ou le groupe…. »[3] Voici un exemple de prière animiste des Douala du Cameroun :

[3]Henri MAURIER, *La religion spontanée, philosophie des religions traditionnelle d'Afrique noire*, Paris, L'Harmattan, 1997, p. 28.

Dieu, soi-moi propice !

Voici la nouvelle lune.
Eloigne de moi toute maladie funeste.

Arrête l'homme méchant qui médite mon malheur :
Que ses mauvais desseins retombent sur lui !

O Dieu, soi-moi propice !

Ne m'abandonne pas dans le besoin :
Donne-moi femme, enfants, esclaves et richesse.

Conduis dans ma maison des hôtes de bonheur,
O Dieu ![4]

A ce niveau, être religieux ne demande pas une évangélisation où une conversion. On est né dans une société qui prévoit la religion déjà comme un des outils de la vie et on y grandit. Donc, pour quelqu'un qui est né dans une famille chrétienne il est d'office, en quelque sorte, attendu d'être chrétien. Cela rend la religion comme un élément qui fait partie de l'initiation humaine dans une culture. En ce cas l'apport d'un missionnaire chrétien auprès d'un peuple déjà religieux est lié au sens donné à la pratique religieuse et aux nouvelles significations des symboles employés. On peut dire que c'est une construction religieuse sur un terrain déjà religieux. Bien que cela soit un atout, pourtant, ça peut être aussi illusoire. Un changement de fond n'est pas garanti.

Par exemple, quelqu'un converti de la religion traditionnelle est baptisé pour marquer son appartenance au corps chrétien qui a son propre fondement des « vérités » de la foi et sa manière de les exprimer. Pour le sacrifice, au lieu d'utiliser une poule il va participer à la célébration où on utilise le pain et le vin. Au lieu d'un culte au pied d'un grand arbre dans la forêt il va à l'église. Au lieu des amulettes il va porter au cou le crucifix, le rosaire ou la médaille d'un saint. Malgré ce changement externe ce n'est pas si évident que la perception et l'utilisation des éléments ont aussi changé. Voilà pourquoi Messi Metogo remarque :

> « La religion populaire et les prophétismes interprètent les figures, institutions, pratiques, objets de piété du christianisme : Dieu, Jésus, le prêtre, le prophète, l'eucharistie, la prière, les médailles, les confréries…à partir des références traditionnelles toujours disponibles : le chef de famille, le héros tutélaire, le guérisseur, le devin, le médicament qui renforce la vie, l'incantation magique, les amulettes, les classes d'âges et les sociétés initiatiques… dans une perspective anthropocentrique et matérialiste[5] ».

D'où l'ambigüité de ces pratiques tout à fait chrétiennes pourtant inspirées par des croyances de la religion traditionnelle. Voilà pourquoi on trouve les chrétiens qui pratiquent leur religion de manière peureuse comme ceux de la religion traditionnelle. C'est le cas que

---

[4]*Ibid.*, p. 11.
[5]Cf.Sempore SIDBE, *Religion populaire en Afrique*, dans *Concilium, 206* (1986), cité dans Eloi M. METOGO, *Dieu peut-il mourir en Afrique, essai sur l'indifférence religieuses et l'incroyance en Afrique noire*, Yaoundé, UCAC, 1997, p. 81.

cite Maurier, d'un instituteur africain qui va se confesser, même si ce n'est pas son habitude, parce qu'il doit se purifier pour obtenir de Dieu la guérison pour sa fille qui est malade. Ici, un acte tout à fait catholique mais il est inspiré par le sens de la religion traditionnelle qui en ce cas n'est pas la perception chrétienne. La confession devient en quelque sorte une purification rituelle[6]. C'est toute une vision du monde qui est derrière toutes ces pratiques religieuses.

1.2. Religion dans la vision africaine du monde

Voyons comment la vision africaine du monde influence encore la manière de pratiquer la religion, même pour les chrétiens.

1.2.1. Structures de la société

Il y a une division principale de la société africaine : entre le monde visible et le monde invisible. Le monde visible concerne la superstructure qui englobe toute l'organisation sociétale : politique, économique et militaire, pour donner simplement quelques exemples. Il s'agit d'une partie que l'homme maitrise. Par contre, la substructure concerne le monde invisible des divins et des esprits. Bien qu'elle fasse tout à fait une partie de la société, d'ailleurs très influente, pourtant elle dépasse l'ingénierie de l'homme. Donc, c'est « un rapport mutuel de force et d'influence[7] » entre les deux mondes. Alors, comment gérer cette partie déterminante de tout ce que fait l'homme mais qui le dépasse ?

D'où vient le rôle de la religion qui est « comme une référence à une réalité qu'ils estiment supérieure à l'être humain et comme un moyen de contrôle de l'univers quotidien dans lequel ils vivent. »[8] Ce que dit Meslin de la religion en général est vrai aussi pour la religion africaine traditionnelle. Par exemple, un roi ne peut exercer son pouvoir qu'avec l'approbation des esprits ancestraux. Un chasseur ne peut espérer de trouver le gibier s'il n'est pas en bon terme avec ce monde invisible. De la même manière, un agriculteur est conscient que la bonne récolte ne dépend pas uniquement de son travail mais aussi de la bienveillance de ce monde invisible qui rendra le climat favorable à la croissance de ce qui est semé. « ...l'homme voit que tout ne dépend pas de lui (ni de la société), il a vite fait de nommer l'invisible, d'exprimer ses craintes et ses désirs et de mesurer comment ses sentiments plongent dans l'incertitude de ce que l'invisible lui réserve. »[9] Voilà pourquoi il y a des rituels à faire en toutes circonstances, par exemple : pour préparer une expédition à la chasse ou avant de semer. Ainsi, « pour servir de pont entre le monde des vivants et celui des esprits, l'Africain recourt à la religion[10]. » Il me semble clair que même si la religion se réfère au monde qui dépasse l'homme pourtant c'est à partir de ses besoins et de ses expériences qu'il parle de la religion.

---

[6]Cf. MAURIER, p. 314.
[7]François El-Esu KIBWENGE, *Les enfants-sorciers en Afrique*, Paris, L'Harmattan, 2008, p. 24.
[8]Michel MESLIN, *L'homme et le religieux, Essai d'anthropologie*, Paris, Honoré champion, 2010, p. 15.
[9]MAURIER, p. 259.
[10]KIBWENGE, p. 27.

> « Toute proposition religieuse, si elle veut être entendue, doit s'articuler sur l'homme qui la formule et qui l'attend. Car ce qui importe c'est le destin de l'homme, son statut dans le monde. Ainsi le religieux s'instaure dans l'espace humain. Le sujet du discours religieux c'est l'homme ; c'est lui qui parle à un Autre. Ce n'est plus Dieu qui se situe à l'origine du discours religieux comme antécédent absolu qui se révèle et donne sa foi. Mais il se situe au terme d'une quête de l'homme, au point que le discours humain sur Dieu est aussi une réflexion sur l'homme[11]. »

Cela fait un contraste avec le christianisme fondé sur la révélation où les fidèles sont orientés ultimement vers la vie dans l'avenir. « Le christianisme se définit comme une 'religion de salut' où la guérison n'est pas l'objectif final, tandis que les patients, même chrétiens, tendent à considérer leur guérison présente comme une fin en soi. Ils continuent d'être inspirés par la religion traditionnelle, véritable 'religion thérapeutique'[12]. » Pourtant, la santé comme bien-être est primordiale dans la vision africaine.[13] Etant donné que les religions ethniques sont organisées autour des préoccupations terrestres de l'être humain le discours sur Dieu a une tendance pragmatique.

1.2.2. Unité de la vie et ses implications

L'individu trouve son identité en étant en relation avec les autres à travers de multiples liens avec les deux mondes. Il est inséparable des autres membres de sa famille, son clan, son ethnie et sa société. Il est connecté également à la nature de son milieu, la forêt ou le fleuve par exemple, et il ne peut s'imaginer être coupé de ces liens. Une fois qu'un de ces liens est dérangé c'est toute la vie qui est basculée. Par exemple :

> « Un accident de santé survient-il au pied, au ventre ou à la tête, et c'est l'univers perturbé tout entière de la victime qu'il s'agit de restaurer. Dans cette perspective cosmique, les herbes et les écorces…si efficaces qu'elles soient, ne représentent qu'une partie mineure de la vie du patient, celle de son rapport à la nature végétale… Ses relations humaines méritent, quant à elles, de retenir officiellement l'attention. Trouver les causes du malaise familial et social dont un grave accroc de santé est un symptôme tangible, et obtenir la réconciliation qui l'impose, telle est l'obsession du nganga [14]… Guérir, c'est réaliser l'ensemble de l'opération[15]. »

C'est pour cela la personne cherche à connaître où la violation a eu lieu. Elle se demande, quel mal ai-je fait ? Ou : qui est jaloux de moi ? Cela fait que bien que la personne trouve un support dans ce sens d'appartenance au cosmos, en même temps elle vit dans la peur et la méfiance parce que ces liens peuvent être pour le bien comme pour le mal. C'est de là que viennent les devins qui ont un rôle à la fois diagnostique et thérapeutique, car ils doivent établir quoi ou qui est à la source du problème et pourquoi ? Enfin, ils prescrivent le remède non seulement pour guérir mais aussi pour repérer ce lien violé. « Par guérison, il faut entendre le retour à la santé au large sens traditionnel du mot, c'est-à-dire à la concorde sociale autant qu'à la forme physique, au bien-être sous le regard de Dieu. Guérir, c'est retrouver l'harmonie perdue, et, dans un premier temps, soigner la peur et l'angoisse[16]. » De

---

[11]*Ibid.*, p. 21.
[12]Éric DE ROSNY, *L'Afrique des guérisons*, Paris, Karthala, 1992, p. 41.
[13]Cf. DE ROSNY, p. 32.
[14]Thérapeute traditionnel
[15]DE ROSNY, p. 30-31.
[16]DE ROSNY, p. 129.

cette manière la religion n'est pas forcément un choix personnel mais une organisation sociétale qui s'occupe et de la communauté et de l'individu, des transactions vis-à-vis du monde invisible. Une telle religion jouant un rôle de sauvetage, normalement on laissera ce monde invisible tranquille aussi longtemps que tout va bien.

Cette vision africaine du monde influence l'interprétation des expériences de la vie et éventuellement influence aussi la manière dont la religion est vécue. Voyons comment cette vision du monde influence certains paroissiens de Saint-Etienne à Kinshasa.

DEUXIEME CHAPITRE
LES CAS RENCONTRÉS DANS MON MINISTÈRE

Ici j'essaye de démontrer comment la vision africaine du monde, que nous venons de décrire ci-dessus, n'est pas quelque chose du passé même parmi les chrétiens. C'est l'expérience de mon ministère à la paroisse St-Etienne à Kinshasa.

2.1. Influence de la vision africaine du monde sur les chrétiens

D'abord, c'est peut-être utile de dire un mot sur la commune de Kisenso dans laquelle se trouve la paroisse. Je trouve cela nécessaire non seulement pour comprendre les gens à partir de leur milieu de vie mais aussi parce que, comme nous allons le découvrir bientôt, les problèmes apparemment infrastructurels et socio-économiques deviennent, selon l'interprétation des gens, une affaire religieuse. Cela montre à quel point le christianisme est fondu dans cette vision africaine. Voici la situation de Kisenso.

2.1.1. Manque d'infrastructures

La commune de Kisenso est une cité située sur une colline au sud-est de Kinshasa. Kisenso a été établie comme commune urbaine déjà en 1968, pourtant, elle manque toujours des infrastructures dignes d'une commune urbaine. Kisenso, 16,6 kilomètres carrés de superficie, est estimée avoir une population de 382.547 habitants, avec une densité de 23.909 habitants par kilomètre carré[17]. La population est un mélange de différentes ethnies et de personnes venues de différents coins du Congo qui cherchent une vie meilleure en ville.

Etant donné qu'on ne respecte pas strictement le plan d'urbanisation, parfois les gens construisent leurs maisons à n'importe quel endroit où ils trouvent un espace. Pourtant certains endroits sont dangereux ce qui fait qu'à chaque saison pluvieuse il y a des maisons qui sont emportées par l'érosion, ce qui peut causer mort d'hommes. Quand cela arrive à une famille, l'érosion n'est pas appréciée comme cause réelle mais la catastrophe est attribuée au pouvoir mystérieux.

---

[17]Cf. Alex B. YENGE, *Service de l'habitat et état civil de la commune de Kisenso*, Kinshasa, 2010, en ligne, http://www.memoireonline.com/01/14/8548/m_Evaluation-de-la-consommation-du-bois-energie-dans-les-menages-de-la-commune-de-Kisenso--RDC-et17.html, consulté, 20/01/2017.

Les conditions sanitaires constituent un autre problème, spécialement les latrines creusées tout près des maisons dans les parcelles étroites, problème aggravé par le manque d'eau pour se laver. Par conséquent, il y a souvent des épidémies de fièvre typhoïde dans lesquelles pas mal d'enfants meurent. Cela n'est pas non plus accepté comme une mort naturelle.

2.1.2. Difficultés économiques

Le chômage enfonce les familles dans une situation économique précaire. Les usines qui autrefois absorbaient beaucoup d'ouvriers ne fonctionnent plus. Même pour ceux qui arrivent à trouver un travail les salaires sont trop maigres pour vivre dignement. Un professeur d'école secondaire, par exemple, reçoit 50 dollars américains du gouvernement, et son salaire arrive à 80 dollars si les élèves payent leur minerval. Pendant les vacances il ne reçoit rien, pourtant sa famille a besoin de vivre. Voilà pourquoi dans beaucoup de foyers c'est la maman qui fait vivre la famille par un petit commerce qu'elle fait soit au marché soit au bord de la route. Il faut que ça marche pour que la famille puisse survivre. Ainsi les mamans sont-elles soumises à la pression de faire tout ce qu'elles peuvent pour s'assurer une bonne vente et une protection contre le supposé mauvais sort.

2.1.3. Les défis familiaux

La précarité économique que vivent les gens ne favorise pas la cohésion familiale. Les séparations sont fréquentes et les mamans sont abandonnées avec les enfants, par leurs maris. Ceci engendre d'autres problèmes, notamment : les garçons tombent dans la délinquance comme *Kuluna*[18]. Kisenso fait partie des terrains fertiles pour ces jeunes qui par la force des machettes volent des gens surtout la nuit. Quant aux filles, elles deviennent des filles-mères augmentant le nombre de bouches à nourrir du peu que la maman apporte à la famille.

Tous ces problèmes, évidements socio-économiques, assument pourtant une signification religieuse si bien que les gens ont recours aux rituels pour trouver des solutions. Considérons quelques exemples.

2.2. Interprétation du vécu – cas de quelques paroissiens de St-Etienne

Je considère trois exemples, notamment : les enfants dits sorciers, les cas de maladie dans la famille et le recours au fétichisme dans le commerce.

2.2.1. Enfants accusés de sorcellerie

Neuf mamans de notre paroisse Saint-Etienne, ont accusé leurs enfants de sorcellerie qui porterait malheur à la famille. Les enfants étaient pratiquement abandonnés à la mort, une situation que nous avons découverte de manière assez poignante.

Etant dans un milieu avec tous ces problèmes, dont la malnutrition qui touche beaucoup d'enfants, la paroisse a établi un centre nutritionnel où les enfants sont soignés et nourris gratuitement. À un certain moment nous avons constaté une diminution des mamans

---

[18]Jeunes bandits de Kinshasa, armés des machettes, qui patrouillent la nuit les rue de Kinshasa pour terroriser, voler et violer les gens.

qui amenaient leurs enfants aux soins. Était-ce une indication d'amélioration ? Loin de là ! En visitant les familles on a trouvé des enfants qui pratiquement mouraient de faim. Pourquoi la maman abandonne-t-elle son enfant à la mort ? Pourquoi ne veut-t-elle plus venir et faire soigner l'enfant ? Voilà les questions qui tournaient dans nos têtes.

En effet, ces mamans engagées à la paroisse comme catéchistes ou comme responsables des petites communautés ecclésiales de base, sont allées consulter des pasteurs des églises de réveil pour savoir la source de leur malheur : pourquoi leur mariage ne marche pas bien, pourquoi le commerce n'est pas rentable, pourquoi le mari ne trouve pas de travail ? Selon les pasteurs la source de tout cela ce sont les enfants habités par le pouvoir de sorcellerie. Quand rien n'a changé après l'exorcisme de l'enfant soupçonné, c'est l'enfant lui-même qui est négligé. La logique est qu'en soignant l'enfant c'est le diable qui est entretenu. Ainsi, la mort de l'enfant devient un moyen de se débarrasser de la malchance.

2.2.2. Cas de maladie ou décès dans la famille

Comme déjà vu, à la cité où des tas de déchets s'accumulent partout, les latrines toutes proches des maisons, et avec la pénurie d'eau, les gens sont évidemment exposés à toutes sortes des contaminations. Pourtant, cela est rarement apprécié comme un problème sanitaire. Facilement, le problème est attribué aux forces mystérieuses, et on cherchera à savoir qui est jaloux de moi ? « La mauvaise condition physique ne dépend pas seulement de facteurs matériels : blessures, microbes, malnutrition, accident, vieillesse. Elle est même souvent mise en rapport avec l'activité maléfique d'agents humains, par exemple le sorcier, ou spirituels (mauvais esprits), on encore en lien avec la transgression d'interdits de la vie sociale. Dès lors, la guérison ne peut être considérée du seul point de vue physique et individuel, mais aussi du point de vue spirituel et social[19]. » Par conséquent, mêmes les chrétiens vivent dans la peur et la méfiance comme réflexe de la religion traditionnelle africaine.

Parfois, quelques paroissiens m'approchaient comme prêtre me demandant de les bénir parce qu'ils avaient des maux de tête ou maux de ventre. En ces cas, il me semble, les gens ne se demandaient pas : qu'est-ce que j'ai mangé qui pourrait provoquer les maux de ventre. Ils ne pensaient pas non plus aux médicaments comme un premier recours, mais à la prière d'abord. Super pieux, bien sûr ! Pourtant, sur quelle fondation ? La foi ou la peur ?

2.2.3. La pratique du commerce

Certaines pratiques montrent aussi que le commerce non plus n'est pas apprécié comme quelque chose de tributaire de la situation économique. C'est l'interprétation mystérieuse qui prime. Et la précarité économique fait une pression psychologique sur les gens, contraints de tout faire pour que leur petit commerce marche. Pour cela ils ne pensent pas aux enjeux économiques, il faut plutôt des rituels pour s'assurer des clients et se protéger de toutes les forces de mal qui pourraient apporter le malheur. Je me pose la même question

---

[19]Bertin KIPANZA TUMWAKA, *Le ministère de guérison en Afrique, Chance et défi pour l'Église*, dans *Nouvelle revue théologique*, 122 (2000), PDF : http://www.nrt.be/docs/articles/2000/122-3/491-Le+minist%C3%A8re+de+gu%C3%A9rison+en+Afrique.+Chance+et+d%C3%A9fi+pour+l%27%C3%89glise.pdf, p. 417.

que Rosny : « La recherche de solutions immédiates ne manifeste-t-elle pas un refus de l'effort et du travail, un renoncement à exercer la raison, un désintéressement des conditions réelles de la vie économique, sociale et politique moderne, bref, à la limite, un certain escamotage de ce qu'est l'homme ?[20] »

A mon étonnement, certaines personnes ont apporté des objets qu'ils voulaient que je bénisse. J'étais un peu embarrassé car je ne savais pas de quoi il s'agissait et pour quel but. En fait, ce sont des objets, dans certaines pratiques africaines, qui sont enfouis dans la farine, des céréales ou des marchandises à vendre comme protection contre le vol mystérieux. Donc, un sacramental chrétien est récupéré pour jouer son rôle en dehors de son sens chrétien. Pour beaucoup de gens, il me semble évident, « le christianisme prend le relais de la religion traditionnelle tant au plan des pratiques que des croyances[21] » surtout à travers les sectes qui se présentent comme des églises de guérison.

Après tout cela, que dirai-je ? Il me semble que les gens, mêmes les chrétiens, sont plus conscients de la puissance des forces du mal, qui leur font peur, que de l'assurance en Dieu Tout Puissant qu'ils professent. Vivant avec ce sentiment d'incertitude et de peur des forces de mal autour d'eux, mêmes les chrétiens considèrent le christianisme, avec tous ses rituels, comme un secours contre ce monde menaçant. Ainsi, ils réduisent le christianisme à une religion traditionnelle où les chrétiens cherchent à se sauver. C'est comme ça que la divination traditionnelle demeure encore sous la forme des églises indépendantes, par exemple, le cas d'harrisme[22] en Côte d'Ivoire[23].

Bien sûr le christianisme s'occupe de l'homme dans son intégralité, enraciné qu'il est dans la théologie de l'incarnation du Verbe. C'est pour cela que l'Église parle de l'évangélisation intégrale qui se traduit dans l'engagement pour l'éducation, la santé, le développement et la justice sociale, juste à titre d'exemple. Pourtant, cela ne se limite pas seulement au niveau matériel. Comme dit St Irénée de Lyon : « La gloire de Dieu, c'est l'homme vivant, et la vie de l'homme, c'est la vision de Dieu[24] » Donc, un christianisme qui s'arrête au bien-être matériel ne répond pas au but de la foi chrétienne. Est-ce que cela n'est pas un signe de la religion sécularisée ? C'est pareil avec la religion traditionnelle. La mentalité d'instrumentaliser la relation avec Dieu est un signe d'une religion qui se sécularise.

Voyons donc comment la sécularisation se propage en Afrique par cette approche matérialiste de la pratique religieuse.

---

[20]DE ROSNY, p. 133.

[21]KIPANZA TUMWAKA, p. 417.

[22]L'église harriste est une église indépendante fondée par William Wade Harris Wury en Côte d'Ivoire.

[23]Cf. DE ROSNY, p. 146.

[24]Cf. Irénée de Lyon, *Contre les hérésies*, livre IV, 20,7, PDF : https://catholicapedia.net/Documents/saint_irenee-de-lyon/St.Irenee-de-Lyon_Traite-Contre-les-Heresies_Livre-4.pdf, p. 28.

TROISIEME CHAPITRE
UNE SÉCULARISATION SUBTILE

3.1. Un christianisme sécularisé en Afrique

Par reflexe la sécularisation est associée avec l'Occident ; bien sûr pour de bonnes raisons. En Europe les églises se vident et le peu de pratiquants qui restent sont bien âgés. La population active trouve d'autres choses intéressantes à faire le dimanche, rien à voir avec la religion. Par conséquent, certaines portes d'églises sont fermées pour de bon, tandis que d'autres églises sont transformées pour des fonctions profanes. En Afrique c'est le contraire.

Le dimanche matin les foules se dirigent vers les églises qui sont toujours pleines, malgré plusieurs messes dominicales. Agrandir les églises fait partie des projets pressants en beaucoup d'endroits. N'est-ce pas un signe de croissance d'une Afrique croyante ? Avec un tel scénario religieux si différent et éloigné de l'Europe, qui peut parler de la sécularisation en Afrique ? La tentation est grande de se baigner dans la complaisance. Voilà pourquoi c'est important de comprendre le fond de cette religiosité abondante.

3.1.1. Définition et clarification du terme sécularisation

De quelle sécularisation parlons-nous ici ? Elle ne réside pas forcément dans la disparition du religieux mais plutôt dans la mentalité matérialiste et utilitaire qui imprègne cette religiosité. Le christianisme implique une relation de foi de l'homme avec Dieu. Mais quand cette relation est instrumentalisée et réduite à des fins matérielles, la religion est sécularisée. Même si le christianisme n'est pas détaché des besoins terrestres de l'homme, cependant, lui assigner un rôle essentiellement utilitaire me semble comme une déviation.

Van den Toren remarque aussi une distinction entre sécularisation et sécularisme que je trouve importante. Par la sécularisation les institutions et mêmes des personnes sont désacralisées, tandis que le sécularisme ne se contente pas seulement de désacraliser, c'est-à-dire de séparer la religion et le profane, mais il va jusqu'à combattre la religion comme quelques chose qui n'a plus de place dans la société[25]. En Occident, la sécularisation a des formes qui donnent l'impression qu'elle n'a rien avoir avec celle de l'Afrique. Voyons brièvement ce qui caractérise la sécularisation dans l'occident.

3.1.2. Sécularisation en Europe de la postmodernité

La mentalité de l'Europe de la postmodernité vis-à-vis de la religion a des ressemblances avec le type de sécularisation qui se manifeste en Afrique. Il y a un retour à la religion mais non pas à la foi. « La postmodernité continue la revendication de l'autonomie de la modernité. Ainsi, le 'non à Dieu !' moderne demeure, mais avec une différence importante : ' oui, à la religion !' Le soi-disant retour du religieux est exactement cela : retour de la religion, mais sans retour à la foi[26]. » Cela est porté par une certaine attitude envers l'institution et Dieu.

---

[25]Cf. Benno VAN DEN TOREN, *Secularisation in africa: a challenge for the churches*, in *Africa Journal of Evangelical Theology*, 22.1, (2003), PDF: https://biblicalstudies.org.uk/pdf/ajet/vols/22-1.pdf, p. 17.

[26]Stijn VAN DEN BOSSCHE, *Notes de cours, L'évolution de la catéchèse dans un monde sécularisé et pluraliste*, Namur, Institut Lumen Vitae, 2016, p. 9.

3.1.2.1. Institution

Une des formes de sécularisation c'est le divorce entre les lieux publics et la religion. La religion est considérée comme quelque chose de privé.

Il y a aussi un autre regard sur la religion par lequel la personne adhère à une religion de manière tout à fait personnelle sans référence à l'institution. « Cette individualisation se caractérise par le fait que chacun construit, ou reconstruit son identité religieuse à partir d'un système de croyances qui lui est personnel … Le religieux est désormais vécu à travers une certaine vision anthropocentrique, plus que selon les définitions dogmatiques qu'en donnent les Eglises. Le fait de croire apparait, dans toutes les récentes enquêtes, plus important que le contenu doctrinal traditionnel.[27] »

3.1.2.2. Relation avec l'Autre suprême

Ce qui est privilégié ici c'est l'expérience et l'interprétation personnelle. « En effet, l'expérience spirituelle vécue dans l'intimité se révèle être un critère d'authenticité et de vérité religieuse … ce qui compte finalement ce sont les résultats immédiats que l'individu en tire, même s'il confond connaissance de Dieu avec une perception sentimentale, affective, émotionnelle plus ou moins confusément ressentie[28]. » Si nous considérons cela comme un extrême, c'est peut-être une réponse à un autre extrême d'une relation avec Dieu trop dogmatique et intellectuelle, qui rejoint très peu les préoccupations de l'homme. Pourtant ce qui est en jeu ici est que Dieu n'existe plus en lui-même mais il devient une création de l'homme, et la religion devient une pratique personnelle au service de la vérité que la personne a construite.

Meslin décrit la sécularisation d'une manière qui rejoint la mentalité religieuse en Afrique comme en Occident :

> « …dans nos sociétés modernes, ce que l'on appelle 'le retour du sacré' renvoie le plus souvent à l'homme qui est à la recherche d'un sens pour sa propre vie, alors que dans les grande traditions religieuses le sacré est défini dans son rapport avec le divin … La référence suprême de toute action humaine ne réside plus forcément dans une vérité révélée et reçue à travers une tradition religieuse, mais dans une expérience personnelle à vivre … Peut-être au risque de n'y trouver finalement que sa seule image, car le désir n'obéit qu'à ses propres besoins et peut n'aboutir qu'à la clôture sur soi-même et non pas à la rencontre d'une Altérité absolue[29]».

Ce qui me semble important dans cette brève présentation de la sécularisation en Occident est le fait que la religion devient tellement anthropocentrique que même le divin n'est plus comme il se révèle lui-même mais comme façonné par l'homme religieux. La religion est ce qui marche pour l'individu. Ce sont ces dynamiques de sécularisation qui imprègnent la religiosité africaine comme nous allons le voir.

3.1.3. **Dynamiques de sécularisation en Afrique**

La sécularisation en Afrique se manifeste dans une pratique religieuse dont l'être humain devient le protagoniste et tout le reste est mobilisé autour de lui. Ce n'est pas le

---

[27]MESLIN, p. 129.
[28]*Ibid.*, p. 130-131.
[29]*Ibid.*, p. 134-135.

contenu qui importe, mais plutôt ce qui donne les résultats attendus. Van den Toren observe : « L'attitude de beaucoup chrétiens africains envers la foi chrétienne est qu'ils se convertissent aux pratiques religieuses chrétiennes car ils estiment qu'elles répondent mieux aux aspirations qu'ils avaient déjà avant[30]. » Par ailleurs, quel nom peut-on donner à la mentalité qui voit la religion comme une boite à outils qu'on ouvre quand on veut bricoler quelque chose ? L'anthropocentrisme et le pragmatisme sont des attitudes qui caractérisent la pratique religieuse. « Si ce guérisseur ou ce devin ne peut guérir ou protéger efficacement, nous allons chercher un autre. Cela est bien illustré par la manière dont un certain groupe chrétien fait sa campagne d'évangélisation à Kinshasa : 'si ton dieu est mort, essaie le Dieu de l'Église du Christ en mission'[31] ». Cela implique qu'on peut abandonner même le christianisme une fois qu'on trouve d'autres moyens plus efficaces.

Si un chrétien croit en Dieu de manière traditionnelle, c'est-à-dire un Dieu puissant mais tellement éloigné, il ne sent pas sa présence dans la vie quotidienne. Par conséquent, son absence est comblée avec d'autres choses plus proches qui répondent de façon immédiate aux préoccupations de la vie. En ce cas, même si on ne renonce pas à Dieu, Il a très peu d'influence dans la vie de la personne.

3.1.4. **Formes de sécularisation dans le contexte africain**

Ici je veux présenter quelques formes par lesquelles la sécularisation se manifeste en Afrique, notamment : diminution des pratiquants, récupération des rituels pour les fins spécifiques et prolifération des églises de réveil.

3.1.4.1. Diminution de l'assistance à l'église

Evidemment, les églises sont encore pleines mais cela n'indique pas nécessairement une croissance. Dans leur *Sécularisation in Africa*, Shorter et Onyancha remarquent combien il est difficile d'apprécier la présence de ceux qui vont à l'église. En fait, ceux qui remplissent les églises constituent une petite proportion de la population[32]. C'est-à-dire, la croissance de la population se reflète peu dans le nombre des fidèles.

3.1.4.2. Récupération des rituels pour le sens personnel

Ici il s'agit d'utilisation des sacramentaux, sacrements et rituels pour les buts personnels, même séculiers. Quand un fidèle vient chaque semaine avec 20 litres d'eau à bénir, comme c'est le cas dans une autre paroisse à Goma où j'ai fait du ministère au Congo ; cela ne provoque-t-il pas des questions à propos de l'utilisation et du sens attaché à l'eau bénite? Est-ce pour boire contre la maladie ? Ou est-ce pour asperger les marchandises au

---

[30]Ma traduction: "The approach of many African Christians to the Christian faith is the same: they change to Christian religious practices, because these seem to offer better means to achieve the same goals they had before." Benno VAN DEN TOREN, *Secularisation in africa: a challenge for the churches*, in *Africa Journal of Evangelical Theology,* 22.1(2003), pdf, p. 11.

[31]Ma traduction: « If this healer or diviner cannot effectively heal or protect, we will look for another. This is illustrated in the way a Christian group promotes itself in Kinshasa: 'If your god is dead, try the God of the Church of Christ in Mission!" *Ibid.*, p. 15.

[32]Cf. "Low Church attendance in urban areas can easily be hidden from view, because the cities in Africa grow so fast that churches may be filled to the brim, even if the growth of the church does not keep pace with the booming cities." Aylward SHORTER & Edwin ONYANCHA, *Secularism in Africa: A Case Study:Nairobi*, Nairobi, Paulines Publications, 1997, p. 58.

marché comme protection contre des vols mystérieux et s'assurer les clients ? Cette mentalité va plus loin que la signification traditionnelle de l'eau bénite.

L'Eucharistie n'est pas épargnée par cette mentalité pragmatique. La messe pour certains n'est plus une action de grâce qui se termine en une mission. Les gens préfèrent faire des kilomètres à la recherche d'une messe dite par tel ou tel prêtre, non parce que cela les aide à entrer dans le mystère de la célébration, mais parce que c'est une messe « de guérison ».

Il en est de même pour l'adoration. À la paroisse St- Etienne, par exemple, nous avons l'adoration le vendredi soir. Il y aura peut-être une trentaine des fidèles, pourtant le même jour une centaine d'autres fidèles vont faire huit kilomètres pour aller à une autre paroisse parce que là-bas il y a l'adoration de guérison. Peut-on parler encore d'adoration quand le Transcendant n'a plus la place centrale mais se trouve récupéré au service de celui qui adore ? Bien sûr, les gens sont libres de choisir où ils veulent aller participer à la liturgie, pourtant, le motif du choix est inquiétant.

3.1.4.3. Mouvement des Églises traditionnelles vers les sectes

Il y a un départ massif de l'Église catholique et des Églises traditionnelles protestantes vers des Églises de type pentecôtiste. Justement parce qu'en ces dernières la prédication est centrée sur la guérison physique et la prospérité matérielle qui sont des aspirations des gens. Alors que devient cette religion au moment où les gens ont accès à des soins médicaux assez convenables ? À ce moment-là cette forme de religion termine sa mission et la sécularisation trône de manière plus visible. C'est le cas de l'Occident.

3.1.5. **Causes de la sécularisation dans le contexte africain**

La migration, la science et les idéologies sont parmi les facteurs qui véhiculent la sécularisation.

3.1.5.1. Migration en milieux urbains

Dans les milieux ruraux les gens vivent dans un environnement mono-culturel avec une influence de l'extérieur très limitée. La religion fait partie de la culture sans laquelle il est impossible de vivre. Ici la personne se trouve avec quelques liens peu nombreux mais vitaux qui font qu'ils paraissent absolus. Mais la découverte des multiples liens dans les milieux urbains relativise ce qu'on croyait absolu. Voilà pourquoi, Van den Toren remarque que ce changement social joue aussi sur la vision du monde. Cette unité de la vie vécue étroitement dans les milieux ruraux avec des relations limitées n'est plus de cas dans les grandes villes où les gens découvrent d'autres et multiples liens qui donnent réponse à leurs problèmes de vie[33]. Cela devient comme une émancipation, et si quelqu'un adhérait à la religion seulement pour des raisons culturelles, cette religion perd sa raison d'être. Elle aussi est relativisée.

3.1.5.2. Science

La science aussi bouleverse l'interprétation de la vie. La vision culturelle et religieuse donne une explication mystérieuse qui inspire aussi la peur. L'explication scientifique qui démystifie les choses repousse non seulement la peur mais déconstruit aussi toutes les

---

[33]Cf. VAN DEN TOREN, p. 17-18.

croyances fondées là-dessus[34]. Il y a un risque de considérer maintenant ce qu'on vient de découvrir comme une forme de religion, surtout quand ça répond aux questions qui autrefois étaient une prérogative de la religion. La religion cède la place à d'autres choses.

3.1.5.3. Idéologies

La mondialisation, avec ses moyens modernes de communication, véhicule rapidement les idées à la mode. Bien que les réseaux sociaux soient un outil d'évangélisation, ils sont aussi une plateforme sur laquelle sont propagées les idéologies qui sont contre la religion.

3.1.6. **Les sectes comme terre fertile de sécularisation**

Paradoxalement les sectes manifestent une religiosité opulente et spectaculaire. Pourtant elles sont aussi un catalyseur de sécularisation par leur vue anthropocentrique et matérialiste de la religion qui me semble un peu trop poussée. La pratique de la religion est emprisonnée par la recherche des biens matériels. C'est pour cela que leur recrutement est séduisant, comme une sorte de publicité, avec des cibles bien choisies comme ceux qui sont en difficulté. La religion devient une zone de refuge.[35] Voilà pourquoi souvent l'entrée dans une secte n'est pas un résultat d'une découverte de foi mais un moment où quelqu'un a besoin de secours, comme lors d'un deuil, un divorce ou une perte d'emploi. C'est la même mentalité 'secouriste' de la religion qui est perpétuée. « Les grandes villes sont envahies par des sectes de toute origine et des sociétés secrètes. La crise ou la disparition des systèmes d'interprétation et des cadres de vie traditionnels provoquent un sentiment d'insécurité et d'angoisse. Les sectes … offrent de nouvelles certitudes, des communautés de vie fraternelle et d'entraide, des moyens efficaces de réussite matérielle[36]»

4. Lecture transversale

Dans cette première partie j'ai fait percevoir une religiosité abondante présente encore en Afrique, précisément à Kinshasa, qui donne l'impression d'une pratique croissante de la religion. Pourtant, il y a des chrétiens qui pratiquent le christianisme avec cette vision de la religion traditionnelle qui n'est pas toujours compatible avec la foi chrétienne. Voilà pourquoi je veux tenter de faire une analyse pour mettre en évidence ce qui fait problème dans cette religiosité que je viens de présenter. L'analyse porte sur les éléments suivants : le passage de la religion traditionnelle au christianisme, relation avec Dieu, la faiblesse d'une inculturation limitée au syncrétisme et finalement à la quête du bonheur.

4.1. **Continuité sans rupture fondamentale**

Une chose qui me semble comme source probable de la religion de la peur et de secourisme c'est le manque d'une rupture fondamentale. En fait, je dirais manque d'une conversion. Trouver les gens qui sont déjà religieux est une terre fertile et prête pour

---

[34]Cf. *Ibid.*, p. 18.

[35]Cf. Jean-Marie ABGRALL, *La mécanique des sectes*, Paris, France loisir, 1996, p. 118.

[36]Cf. Pirogue, 40 (1983) cité dans Eloi Messi METOGO, *Dieu peut-il mourir en Afrique*, Yaoundee, UCAC, 1997, p. 82.

l'évangélisation. Un missionnaire trouve ainsi tant d'outils utiles pour l'évangélisation. Cependant, il y a un risque d'un passage facile d'une rive à l'autre sans un changement essentiel. Par conséquent, ce que nous appelons 'conversion' devient simplement un changement de l'extérieur tandis qu'au niveau du sens et de mentalité peu a bougé. Par exemple, remplacer les amulettes par le crucifix ou les médailles des saints comme une forme de protection, est-ce que cela ne renforce pas la peur qui pousse les gens à chercher la protection dans les objets religieux et rituels ? Un chrétien va participer à la messe avec une arrière-pensée d'apaiser Dieu pour que les choses aillent bien dans sa vie ; est-ce que cela ne ressemble pas à un sacrifice au pied d'un grand arbre pour apaiser et attirer la bienveillance des esprits ancestraux ? L'enjeu ici est que nous arrivons à un christianisme vécu comme la religion traditionnelle mais emballée différemment[37].

Cela pose un problème quand on force le christianisme à se conformer à cette image d'une religion culturelle et utilitaire aux dépens de la rencontre personnelle avec la personne de Jésus. Quand le croyant se laisse motiver par le sens et les valeurs de l'évangile sa vie se transforme. Dans le cas contraire, si les intérêts personnels priment en ce moment-là, au lieu de se laisser transformer, le croyant transforme la religion selon ses besoins[38]. Bien sûr, la religion est une partie intégrante des cultures africaines, pourtant si elle ne touche pas l'homme de façon personnelle une telle religion risque de perdre sa place avec l'évolution de la société[39]. En l'absence de cette rencontre personnelle, la foi chrétienne est vidée de son caractère transformateur. Par conséquent, nous sommes confrontés non seulement avec le problème de la foi mais aussi de l'engagement chrétien dans le monde. Cela se manifeste dans les scénarios de pays hyper-religieux dirigés par des Chrétiens, pourtant ces pays se trouvent avec toutes sortes de violences, corruptions et injustices perpétrées par les personnes qui se disent chrétiennes. Justement parce que ce qui les intéresse ce sont des intérêts personnels. Kä Mana parle d'une pratique religieuse où l'homme se limite à soigner seulement sa santé et son estomac, sa famille et sa tribu. Il ne s'ouvre pas à une transcendance pour transformer sa manière de voir et agir[40].

C'était aussi un des soucis des évêques pendant le deuxième synode pour l'Afrique : « Souvent ce sont les chrétiens qui prennent une part très active à l'organisation du destin politique et économique de leurs peuples. Il n'est pas rare, en effet, qu'ils soient, eux aussi, à l'origine des divisions, des guerres interethniques, de la corruption et d'autres maux qui agitent le continent[41]. » Bien que cela soit un phénomène très répandu en beaucoup des pays d'Afrique, cependant le génocide au Rwanda fut un évènement dramatique dans un pays dont la langue, surtout les noms, est imprégnée d'une religiosité abondante. Presque chaque nom porte une signification divine. Kä Mana remarque : « L'horrible tragédie … me plaça devant la réalité des comportements d'une population dont le christianisme missionnaire des temps coloniaux était si fier, qu'il présentait même comme l'un des symboles les plus vivants de sa réussite et de sa gloire[42]. » Cela n'est-t-il pas une conséquence logique d'une appartenance au

---

[37]Cf. note 5, p. 9.
[38]Cf. Antoine VERGOTE, *Religion, foi, incroyance ; étude pyschologique*, Bruxelles, Pierre Mardaga, 1983, p. 101.
[39]Cf. *Ibid.*, p. 102.
[40]Cf. Kä MANA, *Nouvelle évangélisation en Afrique*, Paris, Karthala, 2000, p. 77.
[41]2ᴱᴹᴱ SYNODE DES EVEQUES D'AFRIQUE, *Instrumentum laboris, L'Eglise en Afrique au service de la réconciliation, de la justice et de la paix*, Rome, 2009, nº 51.
[42]Kä MANA, p. 77.

Christianisme comme obéissance au roi sans une conversion personnelle ? C'est ce type de christianisme sans profondeur qui continue à fleurir et se manifester en Afrique en de multiples formes que Kä Mana appelle collectivement comme le christianisme de catastrophe[43]. Le peuple « … chante et il danse pendant que la société s'effondre[44]. » Face à de pareils évènements, on ne peut se contenter simplement d'avoir des églises toujours pleines. Il faut se poser les questions qui mènent à une réflexion profonde et honnête.

> « …quel est le christianisme qui progresse à l'infini dans nos pays ? Sur quels principes progresse-t-il et vers quelle forme de société ? ...Mais comment passe-t-on de la quantité à la qualité, dans la transformation d'un continent en crise ? Comment faut-il faire pour que la promesse du nombre se réalisent dans le concret de la construction d'une Afrique selon le projet de Dieu pour chaque africain ?
>
> Quand on pose ces questions, on se rend compte que le christianisme qui a imposé sa ligne de progression est celui pour lequel le spectacle social est plus important que la solidité de la foi comme socle du changement de la société dans ses mécanismes profonds[45]. »

Ce qui me semble clair est que l'Afrique jouit d'une image ecclésiale manifestement encourageante ; pourtant sa solidité est à vérifier. Si les besoins ont le pouvoir de tenir l'homme dans la religion ils ont aussi le pouvoir de l'en faire sortir, surtout quand ils peuvent être satisfaits autrement. Par conséquent, contrairement à la position populiste, aujourd'hui la religion n'est pas acquise même en Afrique. Apparemment, ce n'est plus un attachement à un dieu auquel je crois, mais plutôt je m'attache à un dieu qui se montre efficace. Cette manière de croire se manifeste dans le changement facile d'une Église à une autre. Les gens fréquentent tantôt un prêtre, tantôt un pasteur ou un devin, sans se poser des questions sur ce que ces personnes croient ou enseignent. Ce qui importe apparemment c'est d'avoir accès à une boutique qui a en stock la marchandise que je cherche. Cette attitude n'est-elle pas un indice de sécularisation de la religiosité africaine ? J'appuie Jean-Marc Ela quand il remarque en disant : « Peut-être la prétention de l'Afrique à être 'incurablement religieuse' devra-t-elle être démystifiée : nos sociétés ne sont plus à l'abri de la sécularisation, de l'athéisme ou de l'indifférence religieuse[46]. »

Metogo révèle des éléments dans les religions traditionnelles qui pourront ouvrir la porte à l'abandon de la religion. Il remarque, « il existait certainement des adhésions purement sociologiques aux croyances reçues, produisant des 'pratiquant non-croyants', attachés aux rites par pur conservatisme social ou politique[47]. » Justement, la prière Zulu démontre dieu mis à l'épreuve quand il ne répond pas selon sa fonction.

> « Quand avons-nous négligé de te faire des sacrifices et d'énumérer tes titres honorifiques ? Pourquoi es-tu tellement avare ? Si tu ne t'améliores pas, nous laisserons tomber dans l'oubli tous tes noms honorifiques. Quel sort sera le tien ? Tu pourras aller te nourrir de sauterelles. Améliore-toi, sinon nous t'oublierons.

[43]Cf. *Ibid.*, p. 93.
[44] *Ibid.*, p. 94.
[45] *Ibid.*, p. 94.
[46]Jean-Marc ELA, *Ma foi d'Africain*, Paris, Karthala, 1985, p. 207.
[47]Cf. P. LABURTHE-TOLRA et R. BUREAU, *Initiation africaine*, 1971, cité dans METOGO, p. 9-10.

A quoi cela peut-il bien servir, que nous fassions des sacrifices et que nous célébrions tes louanges ? Tu ne nous procures ni récoltes, ni bétails en abondance. Tu ne nous marques aucune reconnaissance pour toute la peine que nous prenons. Aussi, nous voulons te repousser complètement, et nous dirons aux autres hommes que nous n'avons point d'esprit de nos ancêtres. C'est toi qui en souffriras. Nous sommes irrités contre toi[48]… ».

Nous pouvons spéculer sur ce que pourrait être la signification de cette prière assez menaçante, néanmoins, la question que pose Metogo mérite l'attention : « Comment affirmer que la déception des fidèles exprimée par les imprécations n'a jamais abouti à la mise à exécution de la menace brandie par le texte zulu cité : 'améliore-toi, sinon nous t'oublierons' ?[49] » L'attitude commerciale envers la religion est bien évidente. Mais on le sait, si le contrat dans le commerce n'est pas honoré c'est l'abandon qui s'en suit. Cela n'est pas étranger à la situation religieuse en Afrique aujourd'hui.

À part cette relation conditionnée envers la religion il y aussi l'aspect de la relation avec la transcendance.

4.2. **La relation avec Dieu**

Dans le Christianisme le Verbe incarné dévoile l'image de Dieu comme père, donc, ça touche une relation filiale et de confiance. En plus, une religion comme le christianisme, fondé sur la révélation de Dieu lui-même, implique une origine surnaturelle[50]. Bien qu'en cette relation fondée sur la révélation de Dieu lui-même les besoins matériels de l'homme ne soient pas négligés, cependant, je considère qu'il s'agit d'un détournement radical quand l'homme ignore la révélation et récupère la religion pour ses propres fins. La religion est sécularisée car « Une religion du salut, comme l'est le christianisme, entend non seulement exhausser l'existence des individus et la vie de la communauté, mais aussi la transformer en la faisant participer à la vie d'un Dieu personnel[51]. »

A l'époque glorieuse du christianisme en Europe la religion a été portée par la conscience culturelle, cette dernière elle-même fruit du christianisme, et avec tout le pouvoir politique derrière. Mais au moment où ce pouvoir ne pouvait plus s'imposer de façon totalitaire même l'emprise de cette foi culturelle a été affaiblie car les individus se sentaient émancipés. Laurien Ntezimana décrit parfaitement les enjeux de ce niveau de conscience qui n'est pas enraciné dans un choix personnel.

« Ceci est le niveau de départ de tout être humain venant en ce monde. Au commencement de sa vie donc, l'individu est pris dans ce que les philosophes appellent le 'on', la foule, en dépendance totale par rapport à la socio-culture qui l'a vu naitre. L'éducation ne fait que le conditionner et le programmer en faisant de lui un suiveur, un 'mouton de panurge'. Ici, la parole de l'individu est une simple répétition de la programmation culturelle et socio-historique. La caractéristique majeure de la personnalité à ce niveau est la peur[52]… ».

---

[48]cf. Louis-Vincent THOMAS et René LUNEAU, *Les religions d'Afrique noire*, 1969, cité METOGO, Mourir, p. 67.
[49]Metogo, p. 68.
[50]Cf. VERGOTE, p. 24.
[51]*Ibid.*, p. 24.
[52]Laurien NTEZIMANA, *notes de cours, La résolution de nos conflits par la Bonne Puissance*, Namur, Institut Lumen Vitae, 2016, p. 2.

Inspiré par cette situation ecclésiale en Europe je me pose la question : l'abondante religiosité en Afrique, précisément à la paroisse St-Etienne, par quoi est-elle véhiculée ? Est-elle portée par la relation personnelle ou par la foi culturelle ? Mais si la fondation d'une telle pratique religieuse ne descend pas plus profond que l'habitude culturelle, un petit bouleversement social disloque toute l'institution religieuse[53]. C'est pour cela que le christianisme pratiqué par les croyants de façon culturelle et sociale[54] est peu résistant et ainsi donc change facilement. C'est en ce sens que je vois certaines approches de l'inculturation comme contre-productives, surtout quand cela aboutit à une évangélisation qui enfonce les gens dans la pratique religieuse de masse et impersonnelle.

4.3. Le piège de l'inculturation, comme penchant vers le syncrétisme

Je vois l'inculturation comme un piège malgré qu'il soit considéré comme un puissant levier pour l'évangélisation de l'Afrique en profondeur. Surtout quant à la manière dont on veut se baser sur le sens et les symboles religieux de la tradition africaine. Cela ne cache-t-il pas la résistance à regarder tout le panorama de l'évangélisation qui est beaucoup plus large que le problème du syncrétisme ? Comme lorsque Kä Mana parle des Églises évangéliques, avec leur méthode hystérique où les fidèles se perdent dans la danse et la prière éjaculatoire extasiée, mais entre-temps le monde s'effondre[55]. C'est pareil pour les efforts d'approfondir la foi chrétienne en Afrique qui s'orientent vers des usages qui sont beaux mais bon pour le musée parce qu'ils ne disent plus rien à un Africain d'aujourd'hui. Je considère cette forme d'inculturation comme un patch d'étoffe neuve sur un vieux tissu. Le résultat est un désastre total.

Au nom de l'inculturation nous tenons à l'idée qu'un africain est encore irrésistiblement croyant avec sa religion, oubliant souvent que l'Afrique aussi a subi des mutations qui ont transformé sa situation religieuse. Aujourd'hui, même en Afrique, des personnes deviennent de plus en plus indépendantes par rapport à beaucoup de choses, y compris la religion. Donc, la véritable inculturation n'est pas celle qui reste idéologiquement enchainée aux bons vieux temps, mais plutôt liée à une créativité dans l'évangélisation ouverte aux mutations, surtout en montrant une possibilité de trouver le bonheur de la relation avec Dieu librement choisie.

4.4. L'homme à la quête du bonheur

Une autre chose qui me semble claire est que la religiosité, malgré les dérives dans la pratique qu'il peut y avoir, est une recherche sincère de bonheur. L'homme a le besoin de se garder en vie et d'être en relation d'amour. Il veut se réaliser. Mais sa détermination, combinée avec la peur de ne pas y arriver, fait que l'homme déploie tout ce qu'il peut jusqu'à réduire tout en fonction de lui-même. Cela fait que parfois la quête soit vécue de manière égoïste et matérialiste. En effet, cette quête est un acte humain et légitime qui pourtant a besoin d'être éclairée et orientée[56]. Vergote explique les enjeux relationnels possibles dans cette quête de bonheur.

---

[53]Cf. VERGOTE, p. 58.
[54]Cf. *Ibid.*, p. 190.
[55] Cf. Kä Mana, p. 94.
[56]Cf. Antoine VERGOTE, *Humanité de l'homme divinité de Dieu*, Paris, Cerf, 2006, p. 54.

> « …il y a aussi rapidement la conscience que toute action s'accomplit de diverses manières en relation avec d'autres personnes et avec le monde. Et l'on sait que ces relations peuvent être de deux ordres : soit on utilise les autres et les choses, soit on prend plaisir aux rapports aux choses et aux autres tels qu'ils sont en eux-mêmes. Dans l'option utilitariste, on met au service de soi-même toutes les relations humaines et tout commerce avec les choses du monde[57]. »

Pourtant le bonheur peut être expérimenté simplement en étant dans une relation aimante avec une personne sans l'instrumentaliser. On trouve la joie simplement en étant avec.[58] Cela pourrait être un résultat d'une pratique religieuse basée sur une relation personnelle de la foi avec Dieu. Ce choix est possible, comme le disent les évêques belges, même aujourd'hui dans un monde sécularisé. Vergote explique ce choix personnel :

> « On n'est pas chrétien par la naissance dans un milieu culturel façonné par une tradition chrétienne. On le devient par la profession de foi qu'on prononce en demandant le baptême, ou par la 'confirmation' personnelle de la foi dans laquelle on a été baptisé et éduqué.
>
> L'acte de foi consiste dans le consentement personnel à l'invitation à s'unir pour la vie et pour la mort à Dieu tel qu'Il s'est révélé en et par Jésus le Christ. L'acte de foi est un acte d'affirmation de vérité, plus complexe, bien sûr, qu'une affirmation scientifique ou même philosophique. Celui qui le prononce s'y engage avec son existence et celle-ci ne peut que s'en trouver progressivement transformée[59]. »

C'est dans ce consentement personnel et libre que la personne pourrait trouver le bonheur. Justement la révélation est pour le salut de l'homme, donc pour son bien-être[60]. Voilà pourquoi le christianisme sans ignorer les besoins matériels a comme but de conduire l'homme a la plénitude du bonheur qui dépasse toutes jouissances matérielles. « Dans la foi chrétienne, le croyant est mis en mouvement vers le divin par son épiphanie dans le monde ; l'écoute des paroles et la vue des signes font ensuite connaitre Dieu comme la présence personnelle dans laquelle le désir de l'homme trouvera ce que Jésus appelait 'les Béatitudes'[61]. » C'est le rôle de l'évangélisation d'accompagner l'homme sur ce chemin qui consiste à la fois à libérer l'homme des attachements qui l'empêchent de voir plus loin, et puis l'aider à découvrir la relation filiale et aimante avec Dieu comme garantie de vrai bonheur.

Conclusion

Peut-on dire que l'Afrique s'accroche encore à la religion parce qu'elle n'est pas encore arrivée à un niveau de développement scientifique et technologique pour être émancipée ? Malgré les développements des sciences qui expliquent la nature selon les lois physiques et la technologique qui facilite la vie, il est un fait que la religion demeure même en Occident. Cela, n'est-il pas une confirmation que la religion a un rôle qui dépasse celui de simple garderie d'enfant ? Maurier argumente en disant : « Si la seule chose visée par la religion était

[57]*Ibid.*, p. 55.
[58]Cf. *Ibid.*, p. 83-84.
[59]*Ibid.*, p. 303.
[60]Cf. *Ibid.*, p. 304.
[61]*Ibid.*, p. 306.

une vie réussie, à l'abri des incertitudes du climat, de la santé, alors certainement la science a remplacé la religion. Un bon système d'irrigation vaut mieux que les processions des rogations. Or la religion n'a pas disparu avec la science, donc elle ne tire pas son origine des succès imputés par erreur aux rites et prières[62]. » Cependant, pour le christianisme, la pratique religieuse ne suffit pas si elle n'est pas fondée sur la relation de foi en Dieu.

Le christianisme, basé sur la bonne nouvelle révélée par Jésus Christ témoigne que l'homme n'est pas abandonné à son sort. Il a un Père qui a envoyé son Fils pour que l'homme ait la vie. L'homme peut arriver au bonheur et à la plénitude de vie à travers cette relation de foi et de confiance avec Dieu. Pour y arriver, l'homme a besoin d'être libéré de la peur qui vient de l'impulsion de vouloir se sauver et de la mentalité de sécularisation qui le limite à ses propres ressources. La question qui demeure donc de cette partie de travail est celle-ci : comment donner aujourd'hui la possibilité d'une pratique religieuse qui, libérée de la peur et des contraintes culturelles, devienne un choix personnel fondé sur une relation de foi et de confiance en Dieu ? Voilà la question pour la deuxième partie de ce travail.

---

[62]Henri MAURIER, *La religion spontanée, philosophie des religions traditionnelle d'Afrique noire*, Paris, L'Harmattan, 1997, p. 308-309.

2ème partie : Une évangélisation pour l'initiation à la foi

Dans la partie précédente, la paroisse St-Etienne à Kinshasa servant comme fenêtre, nous avons analysé la pratique religieuse en Afrique, en grande partie inspirée par la peur et le besoin d'obtenir une faveur. Un tel regard, qui réduit la religion à la fonction sociale et matérielle, court le risque non seulement de la sécularisation mais aussi une telle pratique religieuse inspire peu de transformation pour la personne et pour sa société. Pour cela je trouve la critique de Pierre de Charentenay, se référant à Leonardo Boff, à l'égard de l'église d'Amérique Latine applicable à celle d'Afrique : « N'est-il pas commode d'embellir la mariée d'Amérique latine, cette moitié de l'Eglise universelle, pour en faire l'avenir de l'Eglise ? Ces sociétés restent les plus violentes et les plus injustes de la terre : où sont les chrétiens dans ces pays qui ne témoignent pas d'un grand impact des valeurs de l'Evangile ?[63] » Certainement, la corruption, la violence et les injustices en Afrique, un continent super religieux, ne posent-elles pas des questions relatives à la profondeur de cette pratique religieuse ? Est-ce l'avenir de l'église ?

Si l'église d'Afrique se laisse tromper par l'allure de la pratique religieuse apparemment abondante, et si elle ne s'engage pas aujourd'hui dans le processus d'évangélisation en profondeur, loin d'être l'avenir de l'église, elle prépare sa propre sécularisation. Il est donc pertinent de repenser l'évangélisation pour un christianisme de foi. Contrairement à la religiosité susceptible de bouger avec la mentalité sociétale, la religion de foi tien bon grâce à une conviction personnelle. Mais quelle évangélisation faut-il pour y arriver ? Voilà la matière qui préoccupe cette deuxième partie.

Le premier chapitre porte sur l'évangélisation surtout comme une question permanente, le second chapitre donne une réflexion sur quelques éléments qui traversent les différentes perspectives de la nouvelle évangélisation comme moyen d'initiation à la foi personnelle. Et puis le troisième chapitre essaie de répondre à la question : dans un monde de plus en plus sécularisé sur quoi peut-on fonder la foi personnelle ?

PREMIER CHAPITRE
ÉVANGELISATION UNE QUESTION PERMANENTE

Commençons d'abord par comprendre, qu'est-ce que ce l'évangélisation ? Cela nous aidera à savoir quelles sont des éléments essentiels à préserver et les accessoires qu'on peut laisser tomber s'il le faut.

1.1. Définition de l'évangélisation

Les époques avant le concile Vatican II, affirme Léonard Santedi, ont connus le terme la *mission* plus l'*évangélisation*[64]. *Mission* était le terme le plus courant qui souvent signifiait

---

[63]Cf. Leonardo BOFF, *La nouvelle évangélisation*, dans *La perspective des opprimés*, Paris, Cerf, 1992, cité dans Pierre DE CHARENTENAY, *La nouvelle évangélisation,* dans *cahiers pour croire aujourd'hui,* Paris, Assas éditions, 1991, p. 50.

[64]Cf. Léonard SANTEDI, *Les défis de l'évangélisation dans l'Afrique contemporaine,* Paris, Karthala, 2005, p. 15.

aller dans le pays hors chrétienté pour implanter l'église, c'est-à-dire, la missio ad gentes. Cependant, le terme n'était pas réservé à cela car il y avait également les missionnaires à l'intérieur des pays de chrétienté comme prédicateurs ou confesseurs[65]. Mais le concile Vatican II va souligner le terme évangélisation avec le regard non seulement sur les territoires des missions mais aussi sur les pays de chrétienté[66]. En effet, les mots *mission* et *évangélisation* portent des nuances différentes.

Mission exprime le fait d'être envoyé ou d'avoir une responsabilité tandis qu'évangélisation exprime le contenu, l'objectif ou le but de la mission. L'Église « ... est envoyée, missionnée, pour évangéliser le monde. Mais évangéliser le monde, cela signifie aussi bien le rendre conforme à l'Évangile que lui annoncer l'Évangile[67]. » Évangéliser c'est annoncer Jésus, ainsi, c'est l'affaire d'une rencontre[68]. Voilà pourquoi dans *Deus Caritas Est* le pape Benoît XVI affirme : « À l'origine du fait d'être chrétien, il n'y a pas une décision éthique ou une grande idée, mais la rencontre avec un évènement, avec une Personne, qui donne à la vie un nouvel horizon et par là son orientation décisive[69] ». L'importance de la rencontre avec Jésus est soulignée aussi par le Pape François en *Evangelii Gaudium* qui commence par ces mots : « La joie de l'Évangile remplit le cœur et toute la vie de ceux qui rencontrent Jésus. Ceux qui se laissent sauver par lui sont libérés du péché, de la tristesse, du vide intérieur, de l'isolement. Avec Jésus Christ la joie naît et renaît toujours.... »[70]

Approfondir l'évangélisation est donc approfondir la rencontre des croyants avec la personne de Jésus Christ. S'appuyant sur le document des évêques du Congo, *Nouvelle évangélisation et catéchèse dans la perspective de l'Eglise famille de Dieu en Afrique,* Santedi affirme que l'évangélisation en profondeur « est réalisée lorsque l'Évangile fixe ses racines dans la culture sans s'identifier à elle, pour la transfigurer de l'intérieur[71]. » La rencontre avec le Christ ouvre à une disponibilité de se laisser transformer par l'Évangile. Voilà pourquoi nous pouvons dire que le but principal « ...de l'évangélisation en profondeur est que l'homme tout entier soit transformé en disciple du Christ et que, par lui, tout ce qui est autour de lui ou qu'il produit, soit pénétré de la puissance rédemptrice de Jésus-Christ.[72] » L'exhortation apostolique *Evangelii nuntiandi*, préoccupée par la même question, considère l'évangélisation comme renouvellement de l'humanité :

> « Évangéliser, pour l'Église, c'est porter la Bonne Nouvelle dans tous les milieux de l'humanité et, par son impact, transformer du dedans, rendre neuve l'humanité elle-même.... Le but de l'évangélisation est donc bien ce changement intérieur et... l'Église évangélise lorsque... elle cherche à convertir en même temps la conscience personnelle et collective des hommes, l'activité dans laquelle ils s'engagent, la vie et le milieu concrets qui sont les leurs... il importe d'évangéliser — non pas de façon décorative, comme par un vernis superficiel, mais

---

[65]Cf. Claude PRUDHOMME, *Missions Chrétiennes et colonisation, XVIe- XXe siècle*, Paris, Cerf, 2004, p. 13.
[66]cf. SANTEDI, p. 16-17.
[67]Jean-Pierre ROCHE, *La nouvelle évangélisation raconté à ceux qui s'interrogent,* Paris, De l'atelier, 2013, p. 15.
[68]Cf. *Ibid.*, p. 16.
[69]PAPE BENOÎT XVI, *Deus Caritas est,* Lettre *encyclique*, Rome, 2005, nº 1.
[70]PAPE FRANCOIS, *Evangelii Gaudium, Exhortation apostolique sur l'annonce de l'Evangile dans le monde d'aujourd'hui*, Rome, 2013, nº 1.
[71]Cf. CONFERENCE EPISCOPALE NATIONALE DU CONGO, *Nouvelle évangélisation et catéchèse dans la perspective de l'Eglise famille de Dieu en Afrique*, Kinshasa, 2000, p. 53-54, cité dans SANTEDI, *Défis*, p. 22.
[72]SANTEDI, *Défis*, p. 23.

de façon vitale, en profondeur et jusque dans leurs racines — la culture et les cultures de l'homme[73]... »

Cette Bonne Nouvelle malgré les formes qu'elle peut prendre a comme but ultime le « salut transcendent, eschatologique, qui a certes son commencement en cette vie, mais qui s'accomplit dans l'éternité[74]. » Mais cette première annonce a-t-elle toujours bien soigné l'importance de la rencontre personnelle avec le Christ ? Essayons de voir brièvement l'évolution de l'évangélisation en Afrique.

1.2. Évolution de l'évangélisation en Afrique

De manière générale je considère deux périodes : l'évangélisation pendant le patronat, et après la fondation de la *Congrégation de propaganda fide* et la période de la Congrégation pour l'évangélisation des peuples

1.2.1. Patronat

Fin du XVème siècle la mission *Ad gentes* est confiée par le pape Alexandre VI aux monarques catholiques afin de propager la foi catholique[75]. C'est le commencement « du droit de patronat royal...selon lequel les souverains espagnol et portugais exerçaient dans leurs colonies un pouvoir non seulement politique, mais aussi ecclésiastique[76]. » Par cet arrangement la mission aura une double face : l'expansion coloniale et la propagation du christianisme. Cela fait que parfois « La propagation de la foi et les stratégies coloniales se confondirent tellement qu'il était souvent impossible de les distinguer nettement. Pour les diocèses établis dans les colonies, on nomma des évêques agréés par les autorités civiles, mais qui n'étaient pas autorisés à communiquer directement avec le pape[77]. » Bien sûr cette relation étroite de la colonisation et de la mission soutenues par le même pouvoir a créé beaucoup d'ambiguïté. Rome va se rendre compte de la problématique « du système du patronat dont l'apparente efficacité en Amérique s'accompagne de graves échecs en Asie où la mission semble un instrument au service de la domination commerciale et politique... Il devenait urgent de dégager la mission de la subordination aux Etats colonisateur[78]. » Suite à cela le pape va prendre la responsabilité directe des missions à travers la Congrégation de la propagation de la foi.

1.2.2. De Propaganda fide

En 1622 le pape Grégoire XV fonde la Congrégation pour la propagation de la foi[79]. Les évêques diocésains sont remplacés par les vicaires apostoliques qui seront en fait des délégués du pape. Le pape marquera sans équivoque la différence entre cette congrégation

---

[73]PAPE PAUL VI, *Evangelii Nutiandi, Exhortation Apostolique sur l'évangélisation*, Rome, 1975, nº 18-20.
[74]EN, nº 27.
[75]Cf. PRUDHOMME, p. 49.
[76]David J. BOSCH, Dynamique *de la mission chrétienne, Histoire et avenir des modelés missionnaires*, Paris, Karthala, 1995, p. 303-305.
[77]*Ibid.*, p. 306.
[78]PRUDHOMME, p. 50-51.
[79] Cf. *Ibid.*, p. 12.

pour les missions et les mouvements colonisateurs : « La Propagande est le ministère des missions catholiques, le bureau central des affaires religieuses pour la conversion du monde[80]…. » Cependant, en pratique cette division ne sera pas tout de suite si nette que ça. L'Église aura recours aux pouvoirs européens pour pouvoir évangéliser dans les territoires de mission.

1.2.3. La Congrégation pour l'évangélisation des peuples

Avec la réforme suite à la Constitution Apostolique, *Regimini ecclesiae universae*, en 1967, la Congrégation de la Propagande Fide change le nom et elle devient : *La Congrégation pour l'évangélisation des peuples*. Ce n'est pas un simple changement de nom car avec le Concile du Vatican II on devient plus conscient de l'importance de prendre en compte de différentes cultures des peuples à évangéliser.

Pendant le régime du *patronat,* de la *Propagande Fide* et de la *Congrégation pour l'évangélisation des peuples* l'activité missionnaire a été influencée par différents accents théologiques. Sans vouloir tomber dans la caricature, néanmoins, voici quelques exemples : salut des âmes, implantation de l'Église, adaptation, incarnation, libération et inculturation[81]. Même si ces accents sont traités séparément pourtant ils ne sont pas mutuellement exclusifs.

1.2.4. Perspectives théologiques de la mission

1.2.4.1. Salut des âmes

La préoccupation ici, comme le suggère le titre c'est sauver les âmes car « … le mouvement missionnaire chrétien a trouvé sa motivation, tout au long de son histoire, dans le désir d'apporter le salut à tous. On peut véritablement [l'] appeler le 'motif sotériologique'[82] … ». Le salut des âmes fut parmi les thèmes centraux qui inspiraient l'envoi des missionnaires dans les pays de mission. Donc, le but était de sauver les âmes de la perdition dans l'enfer[83]. » Pour cela, il fallait une stratégie pour atteindre la masse le plus vite possible. On peut penser à l'évangélisation des peuples soumis, par exemple les Bemba de la Zambie ou les Rwandais. On passe par le roi non seulement pour avoir la permission d'évangéliser dans son territoire mais aussi pour s'appuyer sur son pouvoir dictatorial pour une adhésion de masse. Dans une telle démarche où est la foi comme fruit d'un choix personnel pour le Christ ? Claude Prudhomme observe, « L'action missionnaire du XIXe siècle vise en premier lieu à opérer une christianisation 'par le haut', à partir de la conversion des élites et des souverains, avec l'espoir d'entrainer à leur suite l'ensemble de la population[84]. » Cela va se traduire dans une prétention de vouloir créer des états et des villages chrétiens qui certainement auraient une grande influence pour une culture chrétienne. Quant à la foi personnelle ça reste à vérifier. En ce cas, « On est loin de l'évangélisation

---

[80]*Ibid.*, p. 52.
[81]Cf. Matthijs J. C. BLOK, *Christianisme et quête d'identité en Afrique, La genèse et l'évolution de la théologie africaine dans la tradition ecclésiale catholique romaine*, en ligne, http://larevuereformee.net/articlerr/n228/christianisme-et-quete-didentite-en-afrique, consulté le 14 mars 2017.
[82]BOSCH, p. 530.
[83]Cf. BLOK, en ligne.
[84]PRUDHOMME, p. 72.

authentique. Cela a conduit à une conversion à la culture prédominante, non au Christ des évangiles[85]. »

Il faut dire que « …la société et l'Église étaient fortement imbriquées l'une dans l'autre, ce qui pouvait donner à penser que la religion était une fonction de la société et que l'Église était au service de cette dernière. Cette collusion avait conduit l'Eglise à se penser de façon privilégiée en termes de pouvoir, un peu à la manière des états, sans plus être suffisamment l'Église de l'Évangile et de la foi…Ce type de pastorale avait remarquablement réussi à former une 'chrétienté', mais avait-il réellement 'christianisé' ?[86] ». Bacq remarque que même des responsables du nazisme, Hitler inclut, ont suivi la catéchèse, et en plus les pays catholiques n'ont pas empêché la guerre. Tout cela fait poser des questions quant à la profondeur de l'accueil de l'Évangile et ses valeurs[87].

1.2.4.2. Implantation de l'Église

Ici nous avons l'accent ecclésiologique par lequel « L'évangélisation devint l'expansion de l'Église par l'accroissement du nombre de ses fidèles. La conversion était affaire de nombre. La réussite de l'évangélisation était évaluée au nombre des baptêmes, des confessions et des communions[88]. » Les églises en mission sont non seulement dépendantes, mais aussi de modèle occidental. Voilà pourquoi la remarque : « La réalité d'indigénisation consiste en une espèce d'habillage de l'Église d'un manteau africain[89]. » Je dirais, les missionnaires ont réussi à implanter l'Église européenne dans l'habit africain, eh bien, les africains eux aussi ont réussi à décorer la religion traditionnelle dans l'habit chrétien. En fait, c'est ça la préoccupation de l'évangélisation en Afrique aujourd'hui : que faire pour arriver à un christianisme de foi à partir de un christianisme simple vernis et culturel ?

Cependant, cette perspective missionnaire d'implantation de l'Église a un fond plus profond que les simples structures. Comme Paul VI dira lors de sa vite à Kampala : « Africains, soyez missionnaires de vous-mêmes[90]. » Cela touche à une conception d'une Église grandissante qui arrive à vivre la foi avec les atouts d'une Église véritablement locale. Le risque ici c'est peut-être se réjouir de la croissance de nouveaux baptisés dont le nombre impressionnant ne correspond peut-être pas à la profondeur de la foi.

1.2.4.3. De l'adaptation à l'incarnation

Par la théologie *d'adaptation* on prend en considération la nécessité de respecter les usages du peuple évangélisé. Comme le pape Pie XII l'exprimait : « Tout ce qui, dans ses usages et coutumes, n'est pas indissolublement lié à des erreurs religieuses sera toujours examiné avec bienveillance et, quand ce sera possible, protégé et encouragé[91] ». Jusque-là, il parait que les peuples évangélisés étaient là simplement pour écouter et obéir avec peu de dialogue. C'est comme lorsque la maman a cuisiné l'enfant n'a qu'à manger qu'il ait l'appétit ou pas. Malheureusement cette manière d'évangélisation se faisait accompagnée d'un bon

---

[85]BOSCH, p. 561.
[86]Philippe BACQ, *Vers une pastorale d'engendrement*, dans Philippe BACQ, *Une nouvelle chance pour l'Evangile, vers une pastorale d'engendrement*, Bruxelles, Lumen vitae, 2004, p. 9
[87]Cf. *Ibid.*, p. 9.
[88]BOSCH, p. 558.
[89]Jean-Paul MESSINA, *Christianisme et quête d'identité en Afrique*, Yaoundé, Editions Clé, 1999, p. 125-126.
[90]PAPE PAUL VI, *Discours à Kampala*, 1969.
[91]PAPE PIE XII, *Summi Pontificatus, Lettre encyclique, Castel-Gandolfo*, 1939, nº 46.

dosage de supériorité. Ainsi, nous avons la réaction des clergés indigènes par leur ouvrage, *Des prêtres noirs s'interrogent :* « On a assez longtemps pensé nos problèmes pour nous, sans nous, et même malgré nous... Sans vouloir faire du tapage... il nous semble bon de jeter aussi notre mot dans le débat ouvert depuis si longtemps sur l'Afrique. Le prêtre africain doit aussi dire ce qu'il pense de son Église en son pays pour faire avancer le royaume de Dieu[92]. » Avec le Concile du Vatican II il y a un changement de mentalité, donc, on parle de différentes approches de l'évangélisation comme : l'adaptation, l'incarnation, la libération et l'inculturation.

L'adaptation était mise en question, particulièrement par Jean Marc Ela qui voyait la stérilité d'adapter des choses déjà adaptées, en ce sens que la liturgie romaine était déjà une adaptation. « 'Le problème d'adaptation ne peut pas se résoudre dans un esprit de copiage, d'instauration mort-née et artificielle, dépourvue d'âme et d'inspiration africaine'. Ela propose de dépasser l'adaptation pour une liturgie d'incarnation[93]. » Car la foi a été présentée par les missionnaires adaptée à leur culture occidentale.

Le discours du pape Paul VI lors sa visite en Ouganda 1969 va encourager la prise au sérieux des cultures africaines dans l'évangélisation :

> « Nous n'avons d'autre désir que de promouvoir ce que vous êtes : chrétiens et Africains... L'expression, c'est-à-dire le langage, la façon de manifester l'unique foi, peut être multiple et par conséquent originale, conforme à la langue, au style, au tempérament, au génie, à la culture de qui professe cette unique foi. Sous cet aspect, un pluralisme est légitime, même souhaitable. En ce sens, vous pouvez et vous devez avoir un christianisme africain[94]. »

Ensuite, l'exhortation apostolique *Evangelii nuntiandi* va s'intéresser à des méthodes d'évangélisation efficaces, non seulement pour incarner l'évangile dans les cultures africaines mais aussi pour apporter la libération. Cela mettra en évidence l'inculturation et la libération comme deux composants importants de l'évangélisation.

1.2.4.4. Libération et inculturation

C'est la théologie de libération latino-américaine qui va inspirer la théologie africaine dans cette perspective de se libérer de toutes situations considérées comme domination et déshumanisantes. L'évangile est considéré comme un ferment de libération. Ainsi, évangéliser c'est libérer.

Quant à l'inculturation le terme va devenir plus courant suite à la lettre encyclique *Slavorum Apostoli* dans laquelle Jean-Paul II loue Cyrille et Méthode d'avoir inculturé l'Évangile dans les pays slaves. Le rapport final du synode extraordinaire pour le vingtième anniversaire du concile Vatican II parlera de l'inculturation comme « une intime transformation des authentiques valeurs culturelles par leur intégration dans le christianisme, et l'enracinement du christianisme dans les diverses cultures humaines[95]. » Justement, nous trouvons cet aspect de dialogue, qui conduit à la transformation et libération. Messina parle d'inculturation en ces termes : « C'est d'abord l'Evangile qui rejoint la culture pour se laisser

---

[92] *Des prêtres noirs s'interrogent*, Paris, Cerf, 1957, p. 16.
[93] BLOK, en ligne.
[94] PAPE PAUL VI, *Discours en Kampala*, 1969.
[95] *Synode extraordinaire pour le vingtième anniversaire du concile Vatican II, Rapport final, La documentation catholique*, 83 (1986), p. 41.

traduire dans le langage de celle-ci ; c'est ensuite la culture elle-même qui en sort rénovée. L'inculturation opère ainsi une renaissance nouvelle… il y a, dans la logique de l'inculturation, une exigence de recréation.[96] » Pourquoi l'inculturation ? Quel est son importance ? Voici la réponse que donne Jean-Marie Donegani :

> « …il n'y pas de christianisme sans inculturation, parce qu'il n'existe pas un christianisme nu, pur, anhistorique que l'on pourrait identifier abstrait de toute culture, ethniquement neutre et à partir duquel il serait possible d'évaluer ses adaptations suivantes. Dès le premier jour, le message évangélique est inséré dans l'histoire des hommes et aucune culture particulière n'est a priori moins apte qu'une autre à exprimer la foi et l'espérance chrétiennes. L'inculturation est un processus réciproque de don et d'accueil dans lequel l'Evangile devient une source d'inspiration créatrice et d'accomplissement pour une culture donnée tandis que celle-ci doit remplir une fonction de critère herméneutique par rapport à la foi. Car le message chrétien est en permanence à interpréter : sa signification n'est pas donnée une fois pour toutes mais continue à se révéler et à se réaliser dans des voies inédites[97]. »

Mais cette inculturation doit prendre en compte le dynamisme de la culture, car celle-ci n'est pas figée même si elle garde en elle-même certaines valeurs qui sont durables, car, selon Messina, « Toute culture est avant tout dynamique, c'est-à-dire quelque chose qui n'est pas immuable et indifférent au temps, en portant en elle une dynamique interne qui la rend évolutive… Il convient de redire que la théologie africaine se veut contextuelle, et son élaboration ne sera ni définitive, ni une somme conquérante, mais une recherche permanente[98]. » De la même manière l'évangélisation est évolutive. Donegani explique la dynamique de l'inculturation :

> « Le processus d'inculturation est ainsi inachevable : parce qu'il n'y a pas de christianisme pur, parce qu'il demeure toujours une tension primordiale entre le message évangélique et toute culture dans laquelle il se formule, l'inculturation est consubstantielle à la vie même de la foi chrétienne dans l'histoire humaine et il n'est pas possible de concevoir un état d'achèvement de cette inculturation comme il n'est pas possible de concevoir un état originel du christianisme avant toute inculturation[99]. »

L'important en tout cela est que l'évangile pénètre le cœur de la vie des gens et qu'ils puissent le vivre à partir de leurs usages. Cela était une des préoccupations de cardinal Joseph Malula, archevêque de Kinshasa, d'avoir une Église locale au visage africain comme il aimait bien le dire : « Hier, les Occidentaux ont christianisé les Africains ; désormais, les Africains sont appelés à africaniser le christianisme ![100] ». Et derrière la vision de Malula de la relation église-société, remarque Kialuta, on découvre toute une conception de l'évangélisation qui est non seulement intégrale mais aussi inculturée. « Il s'agissait d'abord d'incarner le message du Christ dans la culture africaine, donc, de christianiser l'Afrique pour pouvoir ensuite

---

[96]MESSINA, *Christianisme et quête d'identité en Afrique,* Yaoundé, Clé, 1999, p. 153-154.
[97]Jean-Marie DONEGANI, *Inculturation et engendrement du croire* dans Philippe BACQ, *Une nouvelle chance pour l'Evangile, vers une pastorale d'engendrement*, Bruxelles, Lumen vitae, 2004, p. 29-30.
[98]MESSINA, p. 154.
[99]DONEGANI, p. 30.
[100]Parole prononcée souvent par le Cardinal Malula, cité dans Jean MPISI, *Le cardinal Malula et Jean-Paul II, Dialogue difficile entre l'Eglise 'africaine' et le Saint-Siège,* Paris, L'Harmattan, 2005. p. 9.

africaniser le christianisme[101]. » Pour Malula cette inculturation ne se limite pas seulement à l'Évangile qui s'incarne dans une culture mais aussi les fidèles sont appelés à incarner l'Évangile dans leur vie sociale. Il « souhaitait que les fidèles soient partout, le levain dans le monde, la lumière du monde et le sel de la terre. Telles sont les implications sociales de l'inculturation[102]. »

L'important dans cette évangélisation sensible à la culture c'est le dialogue qui peut aider à éviter une dichotomie, d'une part l'Evangile et la culture d'autre part. C'est l'état d'affaire que regrette le pape Jean-Paul II : « La rupture entre Évangile et culture est sans doute le drame de notre époque[103].... ». C'est-à-dire, l'évangélisation cherche une certaine unité de vie où l'homme vit l'Évangile à partir d'une culture pénétrée et transformée par le Christ. L'idée de l'inculturation est enracinée dans le mystère d'incarnation du fils de Dieu qui se fait homme pour être comme, et vivre parmi, les hommes.

L'incarnation et l'inculturation bien qu'elles soient importantes dans l'appropriation de l'Évangile pourtant sans une rencontre avec le Christ risquent d'être une simple foi culturelle qui se donne à des folklores. Il en est de même pour l'évangélisation comme libération. Oui l'Évangile libère, commençant par une transformation personnelle qui se traduit par un engagement missionnaire. Sinon, l'Évangile devient seulement comme un manuel pour une libération purement matérielle. Il y a le risque d'utiliser l'Évangile comme une pensée politique de libération et de se fixer sur la libération matérielle. Mais la libération chrétienne, sans oublier la vie matérielle, est pourtant eschatologique.

1.3. Évangélisation comme question permanente

Quelle évangélisation faut-il ? La question n'est pas nouvelle. En effet, elle devrait accompagner toute initiative d'évangélisation pour trouver des méthodes appropriées. C'est ça qu'affirme le Pape Paul VI : « ... Cette question du 'comment évangéliser' reste toujours actuelle parce que les façons d'évangéliser varient suivant les diverses circonstances de temps, de lieu, de culture, et qu'elles offrent par là un certain défi à notre capacité de découvrir et d'adapter[104]. » Voilà pourquoi mon travail est inspiré par cette exhortation apostolique, *Evangelii Nuntiandi*, car nous partageons le même souci de « comment évangéliser » bien que les situations soient différentes. Néanmoins, ce que dit le pape et les réflexions théologiques conséquentes, enracinées dans les Écritures Saintes et la Tradition, peuvent éclairer les questions d'évangélisation qui se posent même aujourd'hui. « Les conditions de la société ... nous obligent tous à réviser les méthodes, à chercher par tous les moyens à étudier comment faire arriver à l'homme moderne le message chrétien dans lequel il peut trouver la réponse à ses interrogations[105]....». En fait, il s'agit de rendre possible cette

---

[101]Denis KIALUTA, *Le cardinal et la relation Eglise-société*, dans Maurice CHEZA et José MPUNDU (Dir.), *Le Cardinal Malula, Mission de l'Eglise*, supplément 126 (janvier 2000), p. 27.
[102]*Ibid.*, p. 27.
[103]PAPE JEAN-PAUL II, *Redemptoris missio, lettre encyclique* sur *la valeur permanente du précepte missionnaire,* Rome, 1990, nº 63.
[104]*EN*, nº 40.
[105]*EN*, nº 3.

rencontre personnelle entre l'évangile et le croyant. C'est ça qui favorise la personnalisation de la foi. Mais cela est à clarifier pour éviter des dérives.

1.3.1. **Sens de personnalisation de la foi**

Je veux clarifier ce que signifie la personnalisation de la foi qui fait le sujet de ce travail. Sans une perspective équilibrée il y a un risque de tomber dans les dérives. Meslin fait une réflexion là-dessus en disant :

> « ...la privatisation du sacré se manifestait au fur et à mesure que s'affirmait le primat de l'individu et la valeur de l'expérience personnelle... On peut dire qu'en s'intériorisant et en s'individualisant le sacré devient alors une attitude de la conscience. Est sacré ce que je tiens pour tel, alors que dans le cadre des diverses traditions religieuses n'est sacré que ce qui est en relation avec le divin. Dès l'instant que l'homme, à la recherche de soi, est devenu le lieu de son interrogation et de sa propre vérité, le sacré et l'intime se rapprochent, et parfois même se confondent. S'il n'existe plus de vérité absolue et objective mais seulement des convictions intimes, alors chacun se sent libre de fonder ces certitudes sur sa propre expérience. L'intimité recouvre alors le champ du sacré, mais ce sacré est-il encore lié au religieux ?[106] ».

En fait, c'est cette mentalité qui se trouve à la base de la sécularisation et aussi dans la pratique utilitariste de religion. La loi suprême c'est ce que veut l'homme. Par contre, la personnalisation de la foi dont je parle n'implique pas de privatiser ou de se couper des autres pour vivre sa religion de manière égoïste, mais plutôt que la foi soit accueillie librement par la conviction personnelle. Néanmoins, ça reste la foi de l'Église qui doit être vécue dans l'Église et dans la société. Les évêques de la Belgique l'affirment :

> « ... la foi professée par un chrétien n'est pas quelque chose de sa fabrication. C'est la foi de l'Église. C'est la réponse que je donne à la Parole de Dieu, quand celle-ci a touché mon cœur... Certes, je la professe de façon éminemment personnelle, mais, au plus profond, j'ai toujours à la recevoir... cette profession de foi appartient en propre à l'héritage important, communautaire de toute Église chrétienne... Non, la foi ne vient pas de nous, elle est réponse à la Parole de Dieu, foi de l'Église[107]. »

Cependant l'aspect communautaire de la foi n'éclipse pas l'expérience et la réponse personnelle. Il ne suffit pas d'adhérer à la foi parce qu'elle m'a été transmise. Même ceux qui sont parvenus à la foi dans le climat de chrétienté ont besoin tout de même de faire une expérience personnelle. C'est le cas des Samaritains quand ils disent à la femme qui leur avait parlé de Jésus : « Ce n'est plus seulement à cause de ce que tu as dit que nous croyons, car nous l'avons entendu nous-mêmes et nous savons qu'il est vraiment le Sauveur du monde[108] » Donc, parler de personnalisation de la foi c'est pour dire que le christianisme au fond est une rencontre avec la personne de Jésus, et non pas simplement quelque chose que nous avons entendu dire par la bouche des autres. « L'acte de la Révélation est une action éminemment personnelle de Dieu... Dieu attend de l'homme une réponse et celle-ci ne peut donc être que personnelle... La réponse nous concerne dans notre intimité. Elle est déterminante puisqu'elle

---

[106]Michel MESLIN, *L'homme et le religieux, Essai d'anthropologie*, Paris, Honoré champion, 2010, p. 132.
[107]DECLARATIONS DES EVEQUES DE BELGIQUE, *Devenir adulte dans la foi, La catéchèse dans la vie d'Eglise*, Nouvelle série 34 (2006), nº58-60.
[108]Jean 4, 42.

donne son sens à toute notre vie. Cette réponse personnelle de l'homme à la Révélation est la foi[109]. » Cependant, la personne qui a fait cette rencontre de foi devrait devenir un ferment par son engagement dans le monde. C'est pour cela que Van Toren critique le style américain vis-à-vis de la sécularisation. Grâce à la foi personnelle un bon nombre de personnes y ont résisté à la sécularisation en se pliant sur elles-mêmes et en laissant le monde aller seul à sa manière. Il se pose la question, est-ce qu'il ne serait pas idéal que les chrétiens s'engagent dans un monde sécularisé à la manière d'un ferment[110] ?

Vu des méthodes, parfois, qui ont été employées pour évangéliser, et vu aussi, par conséquent, la manière dont un bon nombre des catholiques africains, en particulier de St-Etienne, vivent leur foi, je suis persuadé que la nouvelle évangélisation est aussi pertinente en Afrique qu'en Occident. En fait, en Afrique la culture religieuse demeure encore dans le langage, la mentalité et la pratique des gens. À ce niveau, des connaissances et des pratiques de la foi se transmettent encore. Mais cette ambiance sociétale favorable à la religion est-elle vraiment enracinée dans un engagement personnel de foi ?

C'est pour cela que je vois le besoin d'une nouvelle évangélisation qui cible l'initiation à cette foi personnelle. En fait, l'idée n'est pas de critiquer le travail d'évangélisation qui a été fait, mais plutôt de profiter de la culture religieuse ainsi créée, qui est un outil, pour proposer aux croyants quelque chose de plus profond et plus personnel. Oui, un bon travail missionnaire a été réalisé selon les possibilités d'époque mais il n'est pas achevé. Ce climat religieux qui existe encore est un dispositif qui peut soutenir la démarche de faire pénétrer l'Évangile en profondeur comme le cardinal Malula le remarque : l'évangélisation « touche aux aspirations profondes de l'homme, à sa liberté et sa dignité[111]. » L'Église en Afrique ne devrait pas attendre longtemps. Le bon moment d'agir c'est maintenant et elle peut s'appuyer sur l'expérience et les initiatives de l'Église en Occident.

Voilà pourquoi dans le chapitre suivant je veux identifier quels sont des éléments qui pourraient être utiles pour une évangélisation d'initiation à la foi personnelle ?

---

[109]Régis MOREAU, Guide *de Lecture de Dei Verbum*, Perpignan, Artege, 2012, p. 37.

[110]Cf. Benno VAN DEN TOREN, *Secularisation in Africa, a challenge for the churches in Africa,* in *Journal of Evangelical Theology,* 22.1(2003), p. 28.

"One possible reaction to secularisation can be to privatise religion or to isolate Christian communities from the rest of the hostile world. *Privatisation* is the tendency to limit our religion to our private world and simply to accept that the world at large runs according to secular values. Such privatisation has become a particularity of the Christian faith in North America and it has been quite successful, considering the power of Christian organisations and the vibrant life of many churches on this continent. They seem to have resisted secularisation much better than in Western Europe. They teach us that a strong personal faith is necessary to survive as a Christian in a secular culture. Yet, while we may need to accept this privatisation as a practical necessity for a certain time, it cannot be the ideal… Therefore, *isolation* will equally not do… The alternative to isolation and privatisation is the search for a *penetration* of the world in all its domains with the proclamation of the claims of the liberating Lordship of Christ."

[111]KIALUTA, p. 29.

DEUXIEME CHAPITRE
DYNAMIQUES D'INITIATION PERSONNELLE À LA FOI

Les mutations dans le monde d'aujourd'hui ont bousculé beaucoup des choses dans la société, et parmi elles la religion. On ne peut plus compter, même en Afrique, sur la culture ou le pouvoir institutionnel pour véhiculer la religion. Le seul pouvoir sûr qui reste c'est l'individu. Cet état de la société n'a pas laissé l'Église indifférente. Le magistère, les théologiens et les fidèles surtout à travers les nouvelles communautés, tous cherchent à relever le défi. Donc, dans ce chapitre je veux identifier quelques éléments qui sont des dénominateurs communs de la nouvelle évangélisation et qui pourraient être utiles en Afrique, en particulier, pour enraciner la foi en une décision personnelle. L'Afrique peut apprendre de l'Eglise d'Europe pour faire face à ses propres questions d'évangélisation. C'est aussi l'avis de Charentenay quand il parle de l'Église d'Occident : « Ce que l'Église vit ici vaudra sans doute ailleurs, avec les nuances qui s'imposent dans des contextes culturels très différents. Les jeunes Églises auront à faire face, elles le font déjà, à l'urbanisation et à la sécularisation. La manière dont l'Église du 'vieux continent' aura répondu à ce défi sera une indication pour toutes les autres[112]. »

Tout d'abord essayons de comprendre ce que signifie cette nouvelle évangélisation qui donne une possibilité d'une personnalisation de la foi.

2.1. Notion de nouvelle évangélisation

Le terme *nouvelle évangélisation* est attribué à Jean-Paul II qui l'a utilisé lors de ses voyages en Pologne en 1979 et en Amérique latine 1983 en Haïti. L'évangélisation « ... doit être nouvelle en son ardeur, en ses méthodes et en ses expressions[113]. » Il s'agit du zèle dans l'évangélisation qui vient d'une vie radicalement configurée sur Jésus Christ, il faut songer à des nouvelles manières d'évangéliser à travers la présence des chrétiens dans les multiples et diverses facettes de la vie humaine, et proclamer l'évangile dans un langage de l'homme dans son milieu[114]. Dans la nouvelle évangélisation il ne s'agit pas d'annoncer un nouvel Évangile ni de chercher à adapter l'Évangile pour le rendre acceptable ou tolérable aujourd'hui "...mais plutôt d'un processus de relance de la mission fondamentale de l'Eglise[115]. »

La nouvelle évangélisation devrait apporter à un chrétien africain une nouvelle lumière sur lui-même, ses pratiques religieuse et son regard sur Dieu. Donc, « Le premier enjeu de la nouvelle évangélisation est alors la redécouverte que l'on n'est jamais définitivement chrétien. Non seulement on ne naît pas chrétien, mais on peine sans cesse à le devenir. Le processus d'évangélisation est toujours et sans cesse un renouvellement. Nous sommes

---

[112]Pierre de CHARENTENAY, *La nouvelle évangélisation, cahiers pour croire aujourd'hui*, Paris, Assas éditions, 1991, p. 69.

[113]PAPE JEAN-PAUL II, *Discours à l'Assemblée du CELAM, Port-au-Prince, 1983.*

[114]cf. PAPE JEAN-PAUL II, *Nouvelle évangélisation, promotion humaine, culture chrétienne, 'Jésus-Christ hier, aujourd'hui et toujours' (He 13,8) Discours inaugural de la IVe Conférence générale de l'épiscopat latino-américain à Saint Domingue*, Paris, Cerf, 1993, nº 28-30.

[115]Synode des évêques, *Instrumentum laboris, XIIIème assemblée générale ordinaire, la nouvelle évangélisation pour la transmission de la foi chrétienne,* Rome, 2012, nº 77.

toujours des croyants défaillants, jamais définitivement chrétiens[116]…. » Mais pourquoi la nouvelle évangélisation ? C'est parce que nous sommes dans un monde nouveau qui a connu de multiples mutations. « Ainsi l'évangélisation est nouvelle parce que le monde a changé[117]. » Et la préoccupation de la nouvelle évangélisation n'est pas de se soucier de l'Église qui perd son influence dans la société sécularisée et qui cherche à se perpétuer comme dans le monde de chrétienté, mais plutôt comment aider l'homme, dans un monde qui se sécularise, à s'ouvrir à la relation personnelle et aimante avec Dieu ?

2.2. Lignes transversales de la nouvelle évangélisation

Il y a tant de travail déjà fait dans le cadre de la nouvelle évangélisation. Ce qui m'intéresse ici c'est de découvrir des éléments qui traversent, comme fils conducteurs, les différentes perspectives de la nouvelle évangélisation ? J'en identifie quelques-uns : la rencontre avec la personne de Jésus, une évangélisation intégrale, une approche d'engendrement, une communauté croyante et témoin, et puis un ministère ecclésial des laïcs dans le monde.

2.2.1. Rencontre avec la personne de Jésus Christ

Une des dynamiques principales de la nouvelle évangélisation c'est la rencontre avec la personne de Jésus Christ. Justement, c'est la manière de Pierre dans sa première annonce dans les Actes des apôtres[118]. Cela montre que devenir chrétien est avant tout un attachement au Christ. Donc, la base de l'évangélisation c'est de rendre possible cette relation personnelle avec la personne de Jésus. Pour exprimer cette importance, et s'inspirant du rapport du Congrès européen pour la catéchèse tenu en mai 2012, Dumais remarque dans les notes de bas de page : « Le kérygme est à la catéchèse ce que la naissance est à la croissance.[119] » Évidemment, il parle de catéchèse non seulement pour la connaissance mais surtout pour la croissance et l'approfondissement de la foi. Une personne peut lire la bible, participer à la liturgie et s'engager dans les activités, pourtant s'il lui manque cette racine de foi sa pratique risque d'être une simple action sociale et culturelle. Selon Dumais, « En Occident, beaucoup ont quitté l'église parce que la pratique religieuse, les sacrements, la doctrine et la morale de l'Église n'ont pas de sens pour eux, ne reposant pas sur une rencontre vivante de Jésus Christ[120]. » Évangéliser en profondeur c'est accompagner des chrétiens à dépasser la pratique religieuse réduite à l'accomplissement des rituels pour une spiritualité qui part d'une expérience profonde. Dumais parle du « chemin de l'intériorité[121] » par lequel on découvre Dieu qui est déjà là. Pour les chrétiens africains qui essaient de se sauver à travers les rituels et des dévotions, feraient-ils la même chose s'ils étaient dans la conscience profonde de la

---

[116]François MOOG et Joël MOLINARIO (drs), *La catéchèse au service de la nouvelle évangélisation*, Paris, Desclée de Brouwer, 2013, p. 17.
[117]DE CHARENTENAY, p. 66.
[118]Cf. Actes 2,14-36.
[119]Marcel DUMAIS, *La nouvelle évangélisation*, Montréal, Médiaspaul, 2012, p. 46.
[120]*Ibid.*, p. 49.
[121]*Ibid.*, p. 84.

présence de Dieu dans leur vie ? Voici comment le pape François parle de l'annonce kérygmatique :

> « Sur la bouche du catéchiste revient toujours la première annonce : 'Jésus Christ t'aime, il a donné sa vie pour te sauver, et maintenant il est vivant à tes côtés chaque jour pour t'éclairer, pour te fortifier, pour te libérer'... Elle est première au sens qualitatif, parce qu'elle est l'annonce *principale*, celle que l'on doit toujours écouter de nouveau de différentes façons et que l'on doit toujours annoncer de nouveau....
>
> ... Il n'y a rien de plus solide, de plus profond, de plus sûr, de plus consistant et de plus sage que cette annonce... C'est l'annonce qui correspond à la soif d'infini présente dans chaque cœur humain. La centralité du *kérygme* demande certaines caractéristiques de l'annonce qui aujourd'hui sont nécessaires en tout lieu : qu'elle exprime l'amour salvifique de Dieu préalable à l'obligation morale et religieuse, qu'elle n'impose pas la vérité et qu'elle fasse appel à la liberté, qu'elle possède certaines notes de joie, d'encouragement, de vitalité, et une harmonieuse synthèse qui ne réduise pas la prédication à quelques doctrines parfois plus philosophiques qu'évangéliques. Cela exige de l'évangélisateur des dispositions qui aident à mieux accueillir l'annonce : proximité, ouverture au dialogue, patience, accueil cordial qui ne condamne pas[122]. »

Donc, l'évangélisation devrait être orientée à aider la personne à découvrir, par la rencontre personnelle, cette présence aimante de Dieu dans sa vie. Personne ne peut lui communiquer cette expérience car « On ne lègue pas la foi comme on léguait un héritage, un contenu à transmettre. On n'est plus croyant par tradition, par habitude, ou par rite. On est croyant parce qu'une démarche personnelle a été faite[123].... »

Cette manière de voir l'évangélisation et la foi devrait mettre en question la mentalité qui consiste à mesurer la maturité de la foi en termes du nombre d'années de christianisme dans un pays. N'est-il pas possible que les longes années d'un pays ne correspondent pourtant pas vraiment à la maturité de la foi ? Justement, il peut y avoir une évangélisation qui a fort influencé une société, en termes de culture, pourtant il reste tout à fait superficiel en ce qui concerne l'adhésion personnelle à la foi. Ce gage de l'ancienneté peut poser le problème même au niveau personnel, surtout dans la catéchèse. On risque de parler de la catéchèse de l'approfondissement de la foi pour une personne simplement parce qu'elle a été baptisée il y a déjà longtemps. Mais cette personne-là, malgré de nombreuses années de vie chrétienne, a-t-elle eu vraiment l'annonce qui l'a conduite à la rencontre avec le Christ ?

Cette rencontre c'est un antidote à la religion de la peur où, Jésus endormi, le croyant se sent abandonné à ramer tout seul à contre-courant, comme les disciples sur lac[124]. L'évangélisation vise à éveiller dans la personne la conscience de ce Jésus qui est là et qui l'assure. Cette confiance permettra à la personne de vivre sa foi en profondeur au lieu de courir après les prières et les rituels pour ceci ou cela. Cela garantit aussi une certaine sérénité vis-à-vis des préoccupations de la vie. Vivre dans la conscience que Dieu est le père[125] qui est avec moi en toutes circonstances de ma vie assure la paix même si les choses ne sont pas

---

[122]PAPE FRANÇOIS, *Evangelii gaudium, exhortation apostolique, sur l'annonce de l'évangile dans le monde d'aujourd'hui, Rome,* 2013, n°164-165.
[123]CHARENTENAY, p. 56.
[124]Cf. Marc 4, 35-41.
[125]Cf. Mathieu 6, 24-31.

toujours comme souhaité. C'est l'assurance qu'expriment les évêques de Belgique dans la lettre pastorale, *Etre Chrétien aujourd'hui* :

> « Tel est le cœur de la foi chrétienne : nous sommes connus et aimés par Dieu... On n'est plus jamais seul ni livré à soi-même. On appartient à quelqu'un... C'est ce qui fait la certitude et la joie profonde du chrétien. Il ne s'agit pas d'une joie à bon marché. Comme si on ignorait le poids de l'existence et de la souffrance, ou la profondeur du mal. Le Christ a partagé notre existence, jusqu'à l'extrême, jusqu'à la mort. Il est descendu jusqu'aux ténèbres les plus profondes. "*Descendu aux enfers*", comme le dit le Credo. Il n'a échappé ni à la souffrance, ni à l'injustice, ni aux ténèbres du mal. Il les a traversées. Et c'est bien de cette manière qu'Il a brisé leur pouvoir. Ces réalités sont encore bien présentes et puissantes. Mais elles n'ont plus le dernier mot. Voilà qui fait des chrétiens des hommes et des femmes d'espérance, même lorsque tout semble s'y opposer[126]. »

C'est dans ce sens qu'une évangélisation qui conduit à la configuration au Christ est libératrice et rassurante. Cependant, une évangélisation théocentrique ne veut pas dire que la foi soit présentée comme une doctrine figée et coupée de l'expérience de la vie. Si l'évangélisation porte un message de libération elle doit prendre en compte les situations que vivent les gens : la pauvreté, la maladie et les injustices, juste à titre d'exemple. Cela nous amène à un autre fil conducteur, une évangélisation sensible à la personne dans sa totalité.

2.2.2. Une évangélisation intégrale

Un autre élément qui traverse les propositions d'une nouvelle évangélisation c'est de pouvoir accompagner l'homme dans tout son être. Du fait que l'être humain est une unité du corps et de l'âme, l'évangélisation devrait engager tous les deux éléments. « Le meilleur service de notre frère, c'est l'évangélisation, car elle le prépare à se réaliser comme fils de Dieu, le libère des injustices et assure sa promotion intégrale[127]. » Justement, parlant de sa mission, Jésus affirme qu'il est venu pour que le monde ait la vie, la vie dans sa plénitude[128]. Si l'évangélisation est pour le bonheur de l'humanité, alors la vie de foi devrait s'intéresser à tout ce qui touche la vie humaine même les besoins matériels. Ce n'est pas par hasard que Jésus souvent touche la personne pour la guérir. D'où vient l'importance des sacrements car le salut et la grâce ne contournent pas le corps de l'homme. Le pape Paul VI est bien conscient de cela quand il dit : « ...l'évangélisation ne s'épuise pas dans la prédication et l'enseignement d'une doctrine. Car elle doit atteindre la vie : la vie naturelle à laquelle elle donne un sens nouveau, grâce aux perspectives évangéliques qu'elle lui ouvre ; et la vie surnaturelle, qui n'est pas la négation, mais la purification et l'élévation de la vie naturelle. Cette vie surnaturelle trouve son expression vivante dans les sept sacrements...[129] » Cependant, il est important que la réception du sacrement soit accompagnée d'une bonne fondation catéchétique pour que ces symboles ne soient pas utilisés de manière détachée de leur sens sacramentel.

---

[126]Les évêques de Belgique, *Être chrétien aujourd'hui, Lettre pastorale*, Bruxelles, 2012, PDF : http://cathoutils.be/wp-content/uploads/2014/04/etre_chretien_aujourd_hui_fr.pdf, p. 7, 10.

[127]Document de Puebla, nº 1145 cité dans Jean-Pierre ROCHE, *La nouvelle évangélisation racontée à ceux qui s'interrogent*, Paris, De l'atelier, 2013, p. 51.

[128]Cf. Jean 10,10.

[129]*EN*, nº 47.

L'évangélisation intégrale touche à la fois la relation intime avec le Christ mais aussi avec les autres, surtout l'engagement dans la société. C'est le contraire de la pratique de la religiosité populaire qui a souvent tendance de se centrer sur l'accomplissement de ceci ou cela pour obtenir une faveur de manière égoïste. En effet, « L'objectif de toute évangélisation, c'est de permettre à tout homme de vivre la rencontre et la communion avec le Christ, une 'rencontre à la fois intime et personnelle, publique et communautaire'[130]. » Une évangélisation intégrale fait pénétrer l'Évangile dans la vie de la personne qui, à son tour, répond en intégrant les valeurs évangéliques dans sa vie. Justement, « L'évangélisation se situe au niveau des valeurs, non des idées. Les idées ne mobilisent pas, ne motivent pas les personnes à s'engager, à donner leur vie pour une cause. Les idées ne convertissent pas… Les valeurs mobilisent[131]. » Dumais identifie l'espérance comme valeur que suscite le kérygme des apôtres aux désespérés, leur assurant que le mal n'a pas le dernier mot. Péguy, poète français, parle donc de ce que devrait être le kérygme : « L'annonce kérygmatique se doit d'être un éveil chez l'autre du goût d'espérer, du goût de donner un sens à sa vie. Chez des personnes blessées par la vie, le goût d'espérer prendra d'abord la forme d'un courage d'espérer que l'avenir sera finalement bon et que, sur la terre elle-même, il est possible de construire un monde plus humain…[132] » Cette parole de Péguy trouve écho également dans Liturgie des Heures :

> « Si l'espérance t'a fait marcher
> Plus loin que ta peur,
> Tu auras les yeux levés.
> Alors, tu pourras tenir
> Jusqu'au soleil de Dieu[133]. »

Également, dans son interaction avec les gens Jésus les rejoint dans leurs valeurs, aspirations et besoins. C'est ça qui fait qu'il soit compatissant. Cette manière de faire de Jésus est capable de toucher l'homme d'aujourd'hui. Bien sûr, l'Église en Afrique s'est occupée, et continue jusqu'aujourd'hui à s'occuper, de beaucoup d'autres besoins humains comme l'éducation, la santé, le développement. Pourtant, est-ce que les hôpitaux soignent la personne africaine de la manière qui correspond à sa conception de la guérison et du bien-être ? Voici ce qui dit Bertin Tumwaka :

> « Par ailleurs, malgré ses performances indiscutables, la médecine scientifique de type occidental suscite une insatisfaction chez les patients africains, en ce qu'elle n'envisage pas la personne comme une totalité, comme l'exige la vision anthropologique africaine où l'homme est spontanément perçu comme synthèse de l'univers, manifestation des énergies cosmiques. L'Occident valorise l'individu tandis que l'Afrique privilégie le groupe et la personne comme être social relié au groupe, au voisinage, à la lignée, aux vivants et aux morts. La santé est donc pour l'Africain plus que l'absence de maladie : elle est synonyme d'harmonie et de bonheur englobant la prospérité[134]. »

[130]cf. Synode des évêques, *instrumentum laboris, XIIIème assemblée générale ordinaire, la nouvelle évangélisation pour la transmission de la foi chrétienne,* Rome, 2012, nº 18.
[131]DUMAIS, p. 39.
[132]*Ibid.* p. 44.
[133]*Prière du temps présent, Hymne de Laudes, Commun d'un martyr,* Paris, Cerf, 1993, p. 1486.
[134]Bertin Kipanza TUMWAKA, *Le ministère de guérison en Afrique. Chance et défi pour l'Église*, en ligne : http://docplayer.fr/31231768-Le-ministere-de-guerison-en-afrique-chance-et-defi-pour-l-eglise-1.html, consulté le 11 mars 2017.

On peut argumenter, mais l'Église a le sacrement des malades ! C'est juste. Mais alors pourquoi les catholiques malades vont-ils chercher chez les pasteurs pour la prière de guérisons et ne reviennent-ils chez les prêtres pour le sacrement des malades seulement quand il n'y a plus l'espoir de guérir ? C'est pour cela que chaque travail d'évangélisation ne peut pas échapper à la question : « ... comment le message chrétien est-il 'Bonne Nouvelle' pour notre peuple ? Au milieu d'un désespoir qui envahit tout, où sont l'espérance et l'optimisme qu'apporte l'Évangile ?[135] » Et tout cela montre à quel point l'évangélisation ne peut pas être faite à partir de ce qui semble important pour l'évangélisateur ; elle devrait prendre compte de la personne évangélisée. Elle doit prendre compte de la personne en son intégralité.

Mais attention, en fait, la manière de l'Occident risque d'enfermer dans le matérialisme, de même les chrétiens africains risquent de s'enfermer dans la préoccupation de se sauver par n'importe quel moyen. Cette préoccupation peut être aussi aliénante et déshumanisante. C'est pour cela que l'évangélisation intégrale devrait accompagner l'homme à faire l'échelle de ses priorités, surtout à s'ouvrir à un sens plus profond de sa vie. « Partout, dans notre existence, intervient la technique, depuis les sciences exactes jusqu'aux sciences humaines. Certains ont même pensé que l'espace de la foi ne se réduisait à rien au fur et à mesure que la science pénétrait partout. Il s'avère que la science façonne bien notre monde, mais elle est loin de lui donner un sens[136]. » Jésus met l'homme en garde quand il dit : « Que servira-t-il à un homme de gagner le monde entier, s'il perd son âme ? Ou que pourra donner un homme en échange de son âme ?[137] » Évidemment, même si l'homme atteint un certain niveau de développement en science, technologie, et l'aisance matérielle, la religion tient encore sa place dans sa vie. La science et l'abondance matérielle ne peuvent pas donner le sens à l'homme, car elles n'expliquent pas pourquoi l'homme devrait se donner à ceci ou cela. « Contredisant les idées reçues par bon nombre de sociologues, pour lesquels religion va de pair avec marginalité, avec retard socio-culturel et économique ou isolement par rapport à la modernité, l'inquiétude religieuse se manifeste le plus vigoureusement dans les couches de population les mieux intégrés à la société moderne : étudiants, professions libérales, intellectuels, habitants des centres-ville[138]. » Cela est confirmé par Steve Jobs, un ingénieur riche et connu par son produit « Apple ». À la veille de sa mort il découvre ce que pourrait être une fondation solide de la vie de l'homme, la foi – c'est-à-dire, l'amour et la relation. Sa parole est interpellante.[139]

---

[135]PAPE JEAN-PAUL II, *Ecclesia in Africa, Exhortation apostolique post-synodale, sur l'église en Afrique et sa mission évangélisatrice vers l'an 2000*, Yaoundé, 1995, nº 39.
[136]DE CHARENTENAY, p. 9.
[137]Matthieu 16, 26.
[138]DE CHARENTENAY, p. 13.
[139]Cf. *Les dernières paroles de Steve Jobs ont fait pleurer le monde entier*, http://www.buzzy.social/2016/05/09/les-dernieres-paroles-de-steve-jobs-ont-fait-pleur/ , consulté le 11 mars 2017.
« J'ai atteint le sommet du succès dans les affaires. Aux yeux des autres, ma vie a été le symbole du succès. Toutefois, en dehors du travail, j'ai eu peu de joie. Enfin, ma richesse n'est rien de plus qu'un fait auquel je me suis habitué.

En ce moment, allongé sur le lit d'hôpital et me rappelant toute ma vie, je me rends compte que tous les éloges et les richesses dont j'étais si fier, ont été transformé en quelque chose d'insignifiant devant la mort imminente. Dans l'obscurité, quand je regarde les feux verts de l'équipement de la respiration artificielle et que j'entends le bourdonnement de ses sons mécaniques, je peux sentir le souffle de la proximité de la mort qui m'attend.

Bien sûr la science et l'avancement en technologie « ...ont permis à la religion de se dégager de son voile mythique et d'un aspect sociologique, religieux peut-être, mais guère croyant. Ils ont rendu à l'individu tout un espace d'initiative et de responsabilité qu'une expression trop collective occultait[140]. » De la même manière, la nouvelle évangélisation surtout en Afrique devrait viser à présenter l'Évangile pour que le christianisme ne tourne pas seulement autour des besoins mais que l'Évangile soit provocant pour transformer et la personne tout entière et sa société[141]. C'est dire que le bonheur de l'homme ne s'arrête pas seulement aux biens de la vie terrestres. Voilà pourquoi Jean-Paul II défie l'Église d'Afrique de regarder un peu plus loin : « Elle doit affermir chez tous les Africains l'espérance en une vraie libération. Sa confiance est fondée en dernière instance, sur la conscience de la promesse divine nous assurant que notre histoire présente ne reste pas fermée sur elle-même, mais qu'elle est ouverte au règne de Dieu[142]. »

En bref, une évangélisation intégrale prend au sérieux tous les aspects touchant la vie de la personne. Et l'Évangile sera déficient comme bonne nouvelle s'il y a des aspects de la vie humaine qui restent en dehors de cette lumière de l'évangile. « ...l'évangélisation ne serait pas complète si elle ne tenait pas compte des rapports concrets et permanents qui existent entre l'évangile et la vie, personnelle et sociale, de l'homme[143]. » Pourtant cette attention pour la vie terrestre ne devrait pas réduire la libération qu'apporte l'Évangile aux dimensions économique, politique et sociale mais devrait plutôt ouvrir l'homme à la relation avec l'Autre transcendant[144]. Voilà pourquoi malgré son engagement dans le socio-politique et économique l'Église néanmoins « ... réaffirme la primauté de sa vocation spirituelle, elle refuse de remplacer l'annonce du Règne par la proclamation des libérations humaines, et elle proclame que même sa contribution à la libération est incomplète si elle néglige d'annoncer le salut en

---

C'est seulement maintenant que je comprends, une fois qu'on a accumulé assez d'argent pour le reste de sa vie, que nous devons poursuivre d'autres objectifs qui ne sont pas liés à la richesse. Ils doivent être quelque chose de plus important : Par exemple, les histoires d'amour, l'art, les rêves de notre enfance...

Dieu nous a formés de manière que nous pouvons sentir l'amour dans le cœur de chacun de nous, et pas les illusions construites par la célébrité ou l'argent que j'ai gagné, je ne peux pas les emmener avec moi. Je ne peux emporter avec moi que les souvenirs qui ont été renforcés par l'amour. C'est la vraie richesse qui vous suivra ; qui vous accompagnera et vous donnera la force et la lumière pour aller de l'avant.

L'amour peut voyager à des milliers de kilomètres et c'est ainsi. La vie n'a pas de limites. Bouge-toi où tu voudras. Fais de ton mieux pour atteindre les objectifs que tu souhaites atteindre. Tout est dans ton cœur et dans tes mains.

Quel est le lit le plus cher du monde ? Le lit d'hôpital. Vous, si vous avez de l'argent, vous pouvez engager quelqu'un pour conduire votre voiture, mais on ne peut pas embaucher quelqu'un pour prendre sa maladie. Les choses matérielles perdues peuvent se retrouver. Mais il y a une chose que vous ne pouvez jamais trouver quand on perd sa vie.

Quelle que soit l'étape de la vie dans laquelle nous sommes en ce moment, au final, nous allons devoir affronter le jour ou le rideau tombera. Faites un trésor de l'amour pour votre famille, de l'amour pour votre mari ou femme, de l'amour pour vos amis... Que chacun agisse avec amour et occupez-vous de votre prochain. »

[140]DE CHARENTENAY, p. 9-10.

[141]Cf. Préface de Mgr Dominique Rey du livre de Pierre LE BOURGEOIS, *Pour annoncer l'Evangile aujourd'hui*, Paris, Salvator, 2010.

[142]*EA*, nº 14.

[143]*EN*, nº 29.

[144]*Ibid.*, nº 33.

Jésus-Christ[145] ». Donc, au milieu de tous ces avancements et mutations de la société d'aujourd'hui, la nouvelle évangélisation fera bien d'aider l'homme à se rendre compte qu'il y a beaucoup plus dans sa vie que ce qu'il peut consommer. Il devrait s'ouvrir à un sens dans la vie plus profond que les avoirs. Pour cela l'homme a besoin d'un ami comme accompagnateur sur le chemin de sa vie. Cela nous amène à un autre élément de l'évangélisation nouvelle.

2.2.3. Une évangélisation de rencontre et d'engendrement

Voici l'attitude de l'évangélisation dans l'esprit de rencontre et d'engendrement que recommande le pape François : « ...il faut accompagner avec miséricorde et patience les étapes possibles de croissance des personnes qui se construisent jour après jour[146].... » Cela demande d'être attentif à la personne et de pouvoir la joindre dans sa situation. Ce n'est pas forcement être d'accord mais cheminer avec l'autre sans le juger. Cela implique une certaine proximité comme le dit Roche : « ...l'Église du Christ veut se situer dans le monde de ce temps, pas à côté, ni en face, ni au-dessus du monde, mais dedans, assumant sa dimension historique et sociale et donc son aspect transitoire...et humain[147]. » Cette attitude est exprimée également dans la Constitution pastorale sur l'Église dans le monde, *Gaudium et Spes,* qui s'ouvre par ces mots : « Les joies et les espoirs, les tristesses et les angoisses des hommes de ce temps, des pauvres surtout, et de tous ceux qui souffrent, sont aussi les joies et les espoirs, les tristesses et les angoisses des disciples du Christ, et il n'est rien de vraiment humain qui ne trouve écho dans leur cœur[148]. » Ici nous avons une manière d'évangéliser en communication avec la personne évangélisée. Santedi parle d'une « évangélisation dialogale »[149] car l'Église va à la rencontre de gens libres et qui ont la dignité de choisir. Ainsi, l'Église entre en dialogue avec des personnes et les cultures, une approche moins négative et sans jugement. Il s'agit aussi de s'ouvrir à ce qui est bon là-dedans. Bien sûr, comme dit le Pape Benoit XVI : « C'est un monde plein de contradictions et de défis, mais il reste création de Dieu, blessé certes par le mal mais toujours aimé de Dieu, dans lequel peut germer à nouveau la semence de la Parole afin qu'elle donne un fruit[150]. »

Cependant, cette attitude d'engendrement et dialogale n'exclut pas la prise de position prophétique en certaines circonstances comme le cas que cite Santedi à Kinshasa : « ...les nouveau mouvements religieux en habituant le Congolais à l''industrie des miracles', en lieu et place de l''industrie de la sueur de son front', commettent une grosse erreur en déresponsabilisant l'humain, surtout dans ce contexte de crise cruciale que traverse notre pays, de certains engagements qui devraient l'interpeller[151]. » Dans le même esprit du dialogue, un évangélisateur est appelé à annoncer le chemin de vie, en faisant voir à l'homme les limites de ce qu'il considère comme chemin du bonheur. Pourtant, tout cela se fait comme proposition laissant à l'autre la liberté du choix personnel car, comme dit Kä Mana, « Aujourd'hui, il ne s'agit plus pour la parole chrétienne de se présenter en Afrique comme la

---

[145]*Ibid.*, nº 34.
[146]*EG,* nº 44.
[147]Jean-Pierre ROCHE, *La nouvelle évangélisation...,* p. 19-20.
[148]*Gaudium et spes, Constitution pastorale sur l'église dans le monde de ce temps,* Rome, 1965, nº 1.
[149]Léonard SANTEDI, *Les défis de l'évangélisation dans l'Afrique contemporaine,* Paris, Karthala, 2005, p. 89.
[150]Synode des évêques, *XIIIe assemblée générale ordinaire, message au peuple de Dieu,* Rome, 2012, nº 6.
[151]cf. Vicky Elongo LUKULUNGA, *la surchristinisation au quotidien à Kinshasa. Une lecture de l'autre face de la religion,* dans *Congo-Afrique,* 368 (2002), p. 476 cité dans SANTEDI, *Défis*, p. 105.

parole des forts et des puissants face aux faibles et aux dominés. Il s'agit de dire Dieu et de témoigner de l'Évangile dans un contexte ou la faiblesse et la précarité dont souffrent les populations puissent se transformer en une grande énergie de l'espoir : l'énergie de l'amour, capable de susciter partout des communautés chrétiennes …les communautés de la fraternité des bâtisseurs[152]. » Quand manque la patience de marcher avec les gens selon leur situation, et avec une tentation de vouloir avoir rapidement des résultats, on précipite les gens hors de l'état de foi où l'évangélisateur les veut être. Donc, on brûle les étapes. La manière idéale c'est de prendre la peine de cheminer avec les gens pour comprendre ce qui donne sens à leur vie et quelles sont les valeurs qui les font vivre. Même dans la religiosité on peut trouver les germes d'une vraie recherche de Dieu. C'est l'approche positive que propose aussi le Pape Paul VI :

> « …on trouve chez le peuple des expressions particulières de la recherche de Dieu et de la foi. Regardées longtemps comme moins pures, quelquefois dédaignées, ces expressions font aujourd'hui un peu partout l'objet d'une redécouverte….
>
> La religiosité populaire, on peut le dire, a certainement ses limites. Elle est fréquemment ouverte à la pénétration de maintes déformations de la religion voire de superstitions. Elle reste souvent au niveau de manifestations culturelles sans engager une véritable adhésion de foi…
>
> Mais si elle est bien orientée, surtout par une pédagogie d'évangélisation, elle est riche de valeurs. Elle traduit une soif de Dieu que seuls les simples et les pauvres peuvent connaître…
>
> … il faut y être sensible, savoir percevoir ses dimensions intérieures et ses valeurs indéniables, être disposé à l'aider à dépasser ses risques de déviation. Bien orientée, cette religiosité populaire peut être de plus en plus, pour nos masses populaires, une vraie rencontre avec Dieu en Jésus-Christ[153]. »

Assumant le même regard positif le pape François conseille que le pasteur s'approche de ses brebis pour les aimer et non pas pour les juger. La vie des gens, comme la piété populaire, est un lieu de théologie qui demande l'attention des agents pastoraux[154]. Ici s'inscrit aussi la phrase célèbre de François : « Sentir l'odeur[155] » des brebis. De la même manière Dumais nous montre l'approche de Paul qui me semble une véritable forme d'une évangélisation d'engendrement. Il parle du modèle d'Athènes qui est à la fois une rupture et une continuité. « La Bonne Nouvelle apporte une critique de certaines traditions religieuses du monde des nations, notamment de l'idolâtrie. L'orateur fait voir à ses auditeurs une contradiction entre le désir que porte leur être profond, celui d'un Dieu créateur et intérieur, et leur dévotion à des dieux extérieurs fabriqués ; il leur fait comprendre qu'ils doivent abandonner leurs idoles vides et se fixer sur le seul vrai Dieu[156]. » Ce qui est remarquable dans l'activité missionnaire de Paul à Lystre et à Athènes c'est la capacité de traduire l'expérience religieuse de sa propre langue et expérience vers celle de ses auditeurs pour les aider à faire leur propre cheminement.

---

[152]Kä Mana, *Nouvelle évangélisation en Afrique*, Paris, Karthala, 2000, p. 174.
[153]*EN,* nº 48.
[154]*EG,* nº125-126.
[155]PAPE FRANCOIS, *Homélie de messe chrismale*, Rome, 2013.
[156]DUMAIS, p. 75.

Et puis il y a un autre modèle que Dumais appelle modèle d'Emmaüs. Ici la marche de Jésus avec les deux disciples sur le chemin d'Emmaüs met en évidence l'attitude d'un évangélisateur dans l'approche d'engendrement. Que fait Jésus en premier lieu ? « Il ne cherche pas à convaincre. Il va rejoindre les disciples sur leurs chemins de vie et les écoute[157]. » Cela fait une grande différence avec un missionnaire qui veut vite enseigner ou donner la catéchèse sans perdre le temps. Pourtant, un évangélisateur de l'école de Jésus devrait « aller rejoindre les gens où ils sont sur les chemins de leur vie et les écouter exprimer leurs préoccupations, leurs souffrances, leurs déceptions[158]. » Et quand Jésus parle, il pose d'abord des questions pour comprendre davantage de quoi parlent les voyageurs. Et puis en leur expliquant les saintes écritures il les débloque de la tristesse dans laquelle ils se trouvent. Il les aide aussi en les secouant pour qu'ils dépassent la vision intéressée qu'ils ont du Christ, car « Ils cherchaient à s'approprier le Christ comme réponse à leurs besoins d'un libérateur politique[159]. » Donc, un évangélisateur écoute d'abord et c'est seulement après qu'il peut annoncer l'évangile de l'espérance, toujours dans l'attitude de l'accompagnement et comme réponse à ce que vivent les gens.

Par contre, Kä Mana se pose question sur l'évangélisation qui se penche sur les définitions des dogmes et du pouvoir. Il critique le modèle d'évangélisation qui, au milieu de toutes les questions que se posent les gens quotidiennement, se réfugie dans la définition dogmatique comme vérité faite. Cela donne l'impression d'avoir souci plus pour les dogmes clairs mais qui parfois n'ont rien à faire avec la vie des gens. Il se demande : « Mon problème était au fond de savoir pourquoi la réponse à un monde aussi désemparé se présentait sous la forme d'un Catéchisme, au lieu de l'être sous celui d'un débat ouvert où l'on accueille avec profondeur et sérieux les questions mêmes du monde et de ses habitants[160]. » En se référant à E. Drewermann qui parle des prêtres comme 'fonctionnaires de Dieu', Kä Mana considère le modèle de l'évangélisation qui se contente avec la définition dogmatique comme « autoritaire confiée à une armé dressée pour dire 'la splendeur de la vérité' et proclamer un 'catéchisme universel' qu'elle impose, sûre de sa puissance[161] » Évangéliser n'est pas pour vaincre ou convaincre ; c'est plutôt présenter et proposer l'Évangile d'une manière qui laisse à l'autre la liberté de l'accueillir ou pas. « Une pastorale en terme missionnaire n'est pas obsédée par la transmission désarticulée d'une multitude de doctrines qu'on essaie d'imposer à force d'insister. Quand on assume un objectif pastoral et un style missionnaire, qui réellement arrivent à tous sans exceptions ni exclusions, l'annonce se concentre sur l'essentiel, sur ce qui est plus beau, plus grand, plus attirant et en même temps plus nécessaire[162]. »

L'évangélisation a pour mission d'aider les gens à découvrir le sens plus profond d'eux-mêmes qui dépasse la sécurité des biens matériels sur lesquels parfois ils se bloquent. Dans ce cas annoncer la bonne nouvelle c'est ouvrir les horizons pour que les gens, voyant plus clair, puissent s'ouvrir à une quête plus profonde. Mais cela demande non seulement beaucoup de temps et de patience mais aussi une attitude positive et du respect. Cela nous envoie une fois encore à l'attitude de Jésus comme évangélisateur par excellence.

---

[157]*Ibid.*, p. 144.
[158]*Ibid.*, p. 145.
[159]*Ibid.*, p. 148.
[160]Kä MANA, p. 37.
[161]*Ibid.*, p. 37.
[162]*EG*, nº 35.

> « Il n'y a pas d'homme ou de femme qui ne se trouve pas, a un moment de sa vie, comme la femme de Samarie, près d'un puits avec une cruche vide et l'espérance de trouver la réalisation de l'aspiration la plus profonde du cœur, la seule qui puisse donner sa pleine signification à l'existence… Comme Jésus au puits de Sychar, l'Église aussi ressent le devoir de s'asseoir aux côtés des hommes et des femmes de notre temps, pour rendre présent le Seigneur dans leur vie, afin qu'ils puissent le rencontrer, car seul son Esprit est l'eau qui donne la vie véritable et éternelle[163] »

Père René Voillaume, fondateur des *Petits Frères de Jésus* et des *Petites Sœurs de l'Evangile*, voit la vie de Jésus avant sa vie publique comme image de cette pastorale de l'accompagnement et d'engendrement.

> « …. le premier temps de la mission est le temps de l'amitié, le temps de la vie partagée. C'est ainsi que le Verbe de Dieu s'y est pris. Lui qui était la Parole de Dieu. Il a commencé par 'vivre-avec' : trente ans de vie à Nazareth pour recevoir de son peuple les mots humains qui lui permettront d'annoncer l'Evangile, trente ans de vie partagée dans l'anonymat et le silence.
>
> Évangéliser, c'est d'abord aimer. Cela suppose la rencontre, la relation, l'estime réciproque. Si on 'grille' cette étape-là pour placer notre message, ce ne sera pas une parole incarnée, ce ne sera pas une parole adressée, cela risque de n'être que des mots[164]. »

Inspirée par cet esprit du Seigneur, l'Église comme évangélisatrice est appelée à aller à la rencontre de l'humanité comme amie et demander hospitalité sans juger ni faire la leçon, comme Jésus l'a fait chez Zachée[165]. Mais cette amitié peut être vécue réellement dans une communauté témoin de l'évangile, ainsi, nous passons à un autre élément conducteur.

2.2.4. Une communauté de chaleur humaine et de foi

Le modèle d'évangélisation va dans le même sens que ce que dit le Pape Paul VI des communautés ecclésiales de base. Elles sont « destinataires spéciales d'évangélisation et en même temps évangélisatrices[166]. » Elles sont importantes surtout dans les milieux urbains où « du désir et de la recherche d'une dimension plus humaine, que des communautés ecclésiales plus grandes peuvent difficilement offrir[167]…. ». Jean-Paul II ajoute un élément à cette chaleur humaine en parlant des « communautés ecclésiales solides où la foi est confessée, célébrée et vécue grâce à une relation personnelle au Christ[168]. » L'aspect christologique que souligne Jean-Paul me fait penser au débat missionnaire.

Pour certains un bon missionnaire c'est celui qui sort pour aller rencontrer les gens. Mais cela tout le monde peut le faire, même un non-croyant. Alors, il faudra que cette rencontre ne se limite pas seulement à la chaleur sociale, mais qu'elle soit un témoignage de foi, car « L'évangélisation se vit avec une attitude de relation personnelle avec le Christ qui

---

[163]Synode des évêques, *XIIIe assemblée générale ordinaire, du synode des évêques, message au peuple de Dieu*, Rome, 2012, nº 1, cité dans Luca P. BRESSAN, *Qu'est-ce que la nouvelle évangélisation* dans François MOOG (Dr), *La catéchèse au service de la Nouvelle évangélisation*, Paris, Desclée de Brouwer, 2013, p. 40.
[164]ROCHE, *La nouvelle évangélisation racontée à ceux qui s'interrogent*, Paris, De l'atelier, 2013, p. 108.
[165]Cf. ROCHE, p. 109.
[166]*EN*, nº 58.
[167]*Ibid.*, nº 58.
[168]ROCHE, p. 32.

envoie, qui accompagne et qui attend là où l'apôtre va ...'voici que je suis avec vous pour toujours jusqu'à la fin du monde' (Mt 28,20)[169]. » En ce sens l'évangélisation n'est pas seulement la mission d'enseignement mais aussi de témoigner. C'est cela l'annonce que fait Jean en disant nous vous annonçons ce que nous avons contemplé et ce qu'ont touché nos mains[170]. Ainsi une communauté témoin est une force d'évangélisation aujourd'hui. C'est une communauté de personnes dont la vie est transformée par cette rencontre avec le Christ, et en retour elles se donnent à témoigner de cette expérience. C'est cette expérience amoureuse qui leur donne l'enthousiasme et le courage de parler du Christ avec conviction.[171] Donc, cette communauté évangélisatrice devrait être à la fois humaine et croyante comme l'affirment les évêques de Belgique :

> « L'Église universelle, partout répandue dans le monde, existe en de multiples Églises locales. Qui devient chrétien ou veut devenir adulte dans la foi, a besoin d'une place où il puisse se sentir 'chez lui' dans la foi. Une place où il trouve des frères et sœurs dans la même foi. Dietrich Bonhoeffer, pasteur protestant mort pour sa foi, l'a dit de façon très belle... 'Chacun s'engage seul dans la suite du Christ, mais personne n'y reste seul'...
>
> Une communauté ecclésiale est le lieu où la foi est vécue et partagée, où elle peut grandir et porter du fruit. Lieu où l'on se rassemble pour se mettre à l'écoute de la Parole de Dieu... Là où les chrétiens s'aident mutuellement à concrétiser la Parole de Dieu dans leur vie. Car Dieu ne parle pas de façon stérile[172]. »

Cette nouvelle évangélisation demande que la communauté chrétienne soit habitée par un nouvel esprit ou l'on met l'Évangile au cœur de toutes les activités. C'est pour cela que, pour Bressan, la nouvelle évangélisation « ...est d'abord une disposition spirituelle qui permet à l'Église de se comporter d'une nouvelle façon dans l'histoire ; une modalité capable de porter à nouveau frais la question de Dieu au cœur des questions des hommes[173]. » Charentenay propose comme conditions incontournables que l'Église fasse une lecture nouvelle de l'Évangile, qu'elle emploie un langage plus accessible, qu'elle se libère des pouvoirs institutionnels, et qu'elle témoigne par sa vie de la parole qu'elle annonce[174]. Le pape Paul VI parle de témoins authentiques :

> « ...ce siècle a soif d'authenticité. À propos des jeunes, surtout, on affirme qu'ils ont horreur du factice, du falsifié, et recherchent par-dessus tout la vérité et la transparence.
> ... Tacitement ou à grands cris, toujours avec force, l'on demande : Croyez-vous vraiment à ce que vous annoncez ? Vivez-vous ce que vous croyez ? Prêchez-vous vraiment ce que vous vivez ? Plus que jamais le témoignage de la vie est devenu une condition essentielle de l'efficacité profonde de la prédication. Par ce biais-là nous voici, jusqu'à un certain point, responsables de la marche de l'Évangile que nous proclamons[175]... »

---

[169]cf. AG 16-18, cité dans Union pontificale Missionnaire secrétariat international, *Mission pour le troisième millénaire*, Rome, 1992, p. 157.
[170]Cf. I Jean 1, 2.
[171]*EG*, nº 259, 264, 266.
[172]*Déclarations des évêques de Belgique, Devenir adulte dans la foi*, *La catéchèse dans la vie de l'Église*, Nouvelle série nº 34 (2006), nº 62-63.
[173]Luc P. BRESSAN, *Qu'est-ce que la Nouvelle évangélisation ?*, dans François MOOG (Dr), *La catéchèse au service de la nouvelle évangélisation*, Paris, Desclée de Brouwer, 2013, p. 35.
[174]cf. DE CHARENTENAY, p. 69.
[175]*EN*, nº 76.

Pour arriver à cette authenticité il faudra que la communauté chrétienne se laisse conduire par l'Esprit Saint, comme les apôtres qui ont évangélisé par son impulsion. Sans lui les techniques d'évangélisation restent stériles car « La préparation la plus raffinée de l'évangélisateur n'opère rien sans lui. Sans lui, la dialectique la plus convaincante est impuissante sur l'esprit des hommes. Sans lui, les schémas sociologiques ou psychologiques les plus élaborés se révèlent vite dépourvus de valeur[176].... » Voilà pourquoi les questions qui concernent l'évangélisation ne doivent pas être réduites à la recherche de stratégies mais plutôt à l'auto évaluation de l'Église elle-même, car il est probable que « le problème de l'infécondité de l'évangélisation aujourd'hui....est un problème ecclésiologique, qui concerne la capacité ou l'incapacité de l'Église de se configurer en une communauté réelle, en une authentique fraternité, en un corps, et non en une machine ou une entreprise[177] »

Donc, une communauté témoin change l'Église d'une masse de personnes sans nom en une communauté de frères et de sœurs qui témoignent de leur foi, non seulement à l'extérieur mais aussi entre eux. Dans l'incognito « et dans la dureté des situations, les plus actifs ont perdu leur identité. Abandonnés à eux-mêmes, dans les plus grandes difficultés à garder vivante la flamme de la foi, ils ont été nombreux à s'éloigner de la pratique puis de la foi[178]. » Parmi ces chrétiens perdus dans l'anonymat se trouvent les malades ou les personnes en difficulté qui ne savent plus quoi faire. Ils ont besoin d'une communauté attentive qui incarne l'esprit du Seigneur, lui qui même dans la foule se rend compte de ce qui se passe dans les individus, comme la femme qui souffrait d'hémorragies et cherchait timidement à toucher Jésus[179]. La dynamique de la nouvelle évangélisation c'est la personne et non la masse. Voilà pourquoi la simplicité et l'honnêteté de ceux qui adhèrent à la foi peuvent inspirer les autres. L'évangélisateur rend possible et désirable ce que lui-même a dégusté. C'est-à-dire que l'évangélisateur n'est pas un stratège ou un professionnel, mais il témoigne du Jésus qu'il a lui-même rencontré. Justement, Jésus révèle le visage de son père parce qu'il est uni avec lui[180].

La communauté croyante et témoin nous conduit à la mission évangélisatrice des laïcs.

2.2.5. Présence évangélisatrice des laïcs

« En vertu du Baptême reçu, chaque membre du Peuple de Dieu est devenu disciple missionnaire... Tout chrétien est missionnaire dans la mesure où il a rencontré l'amour de Dieu en Jésus Christ[181]. » Le pape donne quelques exemples de personnes qui deviennent missionnaires juste après avoir rencontré Jésus : comme André qui va trouver son frère Simon pour lui annoncer « nous avons trouvé le messie »[182] ; la femme Samaritaine qui va dans son village annoncer sa rencontre avec Jésus[183] ; et c'est la même chose que Paul qui devient

---

[176]*Ibid.,* nº 75.
[177]Synode des évêques, *XIIIème assemblée générale ordinaire, la nouvelle évangélisation, pour la transmission de la foi chrétienne, lineamenta,* Rome, 2011, nº 2.
[178]DE CHARENTENAY, p. 24.
[179]Cf. Marc 5,25-34.
[180]Cf. Jean 10,30.
[181]*EG*, nº 120.
[182]Cf. Jean 1,41,
[183]Cf. Jean 4, 39.

missionnaire de nations après sa rencontre avec le Christ sur le chemin de Damas[184]. D'une communauté témoin et croyante vient la pertinence du ministère des laïcs. Voici ce que dit le décret sur l'activité missionnaire de l'Église en particulier concernant le témoignage de charité dans la vie quotidienne des chrétiens :

> « Il faut que l'Église soit présente dans ces groupes humains par ses enfants, qui y vivent ou sont envoyés vers eux. Car tous les fidèles, partout où ils vivent, sont tenus de manifester, par l'exemple de leur vie et le témoignage de leur parole, l'homme nouveau qu'ils ont revêtu par le baptême et la force du Saint-Esprit ...
>
> Pour qu'ils puissent donner avec fruit ce témoignage au Christ, ils doivent se joindre à ces hommes dans l'estime et la charité, se reconnaître comme des membres du groupe humain dans lequel ils vivent, avoir part à la vie culturelle et sociale au moyen des diverses relations et des diverses affaires humaines ... et travailler à ce que les hommes de notre temps, trop appliqués à la science et à la technique du monde moderne, ne soient pas détournés des choses divines ; bien au contraire, à ce qu'ils soient éveillés à un désir plus ardent de la vérité et de la charité révélées par Dieu[185]. »

Évidemment, l'évangélisation est un ministère de tout chrétien par le témoignage de vie à travers l'engagement dans le monde et par le contact d'amitié. Par rapport à cela Kä Mana pose une question que j'estime pertinente : « Comment l'expérience africaine de la foi chrétienne peut-elle proposer une voie novatrice pour l'évangélisation de l'ordre mondial actuel ?[186] » Suite à cette perspective de Kä Mana, une chose me vient à l'esprit. Souvent, par la masse des croyants, l'Afrique est vue comme l'avenir de l'Église. Sur quelle base cette perspective est-elle fondée ? Peut-être parce qu'il y a encore un bon nombre de prêtres, de religieuses, et que de plus en plus les Africains commencent à être à la tête des institutions autrefois occupées par les Occidentaux. À ce niveau-là on est encore dans le cadre de la religion des rituels, de l'institution et du pouvoir. À mon avis la question que nous devons nous poser par rapport à l'avenir de l'Église en Afrique est celle-ci : ces signes florissants de l'Église promettent-ils une Afrique plus humaine et qui rayonne les valeurs évangéliques à l'intérieur et au-delà de ses frontières ? Justement, l'Église en Afrique se réjouit de beaucoup de ses membres qui sont à la tête des gouvernements et des institutions politiques, pourtant, il faut fouiller beaucoup pour trouver les valeurs évangéliques dans leur manière d'agir. Voilà la pertinence du ministère ecclésial des laïcs dans le monde.

Justement, le ministère des laïcs ne doit pas se limiter aux structures paroissiales. C'est plutôt dans le lieu de vie et du travail que les chrétiens peuvent apporter ce message de l'espérance. La paroisse reste importante comme lieu de ressourcement spirituel où les chrétiens se rassemblent pour prier, écouter la parole et célébrer, mais toujours en vue de sortir en mission car le champ d'évangélisation n'est pas forcément la paroisse. En effet, à la fin de la messe le prêtre envoie en mission l'assemblée en disant : «Allez dans la paix du Christ ». Cependant, regrette le pape François, l'engagement de beaucoup de laïcs est peu missionnaire. Au lieu de s'engager de manière à témoigner et faire pénétrer les valeurs évangéliques dans le monde professionnel, parfois les laïcs se limitent aux tâches paroissiales[187]. Voilà pourquoi le pape recommande une réforme pastorale, non pour préserver

---

[184]Cf. Actes 9, 20.
[185]*Ad gentes*, nº 11.
[186]Kä Mana, p. 34.
[187]Cf. *EG*, nº 102.

ce qu'on a toujours fait mais plutôt pour devenir plus missionnaire. « La réforme des structures, qui exige la conversion pastorale, ne peut se comprendre qu'en ce sens : faire en sorte qu'elles deviennent toutes plus missionnaires, que la pastorale ordinaire en toutes ses instances soit plus expansive et ouverte, qu'elle mette les agents pastoraux en constante attitude de "sortie"[188].... »

Mgr Albert Rouet, dans son article *La vie de l'église et la société aujourd'hui* parle des mutations sociales, économiques et de mentalité dans la société, qui touchent aussi l'Église. Avec la sécularisation le sacré n'est plus le catholicisme. La sécularisation a changé le lieu du sacré, du catholicisme vers d'autres choses comme le sport. Ces mutations devraient conduire à une réflexion qui mène à une nouvelle action pastorale qui nécessite des nouveaux ministères. Il conclut en remarquant que le monde change, l'Église a besoin de changer sa façon de faire ; c'est ne plus l'affaire du curé mais de toute la communauté chrétienne. L'Église est appelée à répondre à ce que le monde sécularisé attend d'elle aujourd'hui[189]. Dans *Christifideles laïci*, le Pape Jean-Paul II parle de la même manière de la vocation des laïcs dans le monde séculier. « Le baptême, en effet, ne les retire pas du monde ...mais il leur confie une vocation qui concerne justement leur situation dans le monde : les fidèles laïcs, en effet, sont *«appelés par Dieu à travailler comme du dedans à la sanctification du monde, à la façon d'un ferment* ... et pour manifester le Christ aux autres avant tout par le témoignage de leur vie, rayonnant de foi, d'espérance et de charité[190]. » La vie paroissiale ou ecclésiale devient un resourcement pour trouver la force et le soutien pour pouvoir accomplir leur mission. Ici on voit la pertinence de l'invitation du Pape François quand il parle de l'Église « en sortie ». Il s'adresse au conseil pontifical pour les laïcs comme ceci :

> « Je voudrais vous proposer, comme horizon de référence pour votre avenir immédiat, un binôme que l'on pourra formuler ainsi : 'Église en sortie – laïcs en sortie'. Vous aussi, donc, élevez le regard et regardez 'dehors' ; regardez les nombreuses personnes 'éloignées' de notre monde, les nombreuses familles en difficulté qui ont besoin de miséricorde, les nombreux domaines d'apostolat encore inexploités.[191] »

Un autre point de relevance du ministère des laïcs c'est la capacité de garder l'aspect de rencontre personnelle dans l'évangélisation. Le pape Paul VI a abordé cette question déjà dans *Evangelii nuntiandi* dans lequel il apprécie les mass media comme des moyens d'évangélisation incontournables aujourd'hui. Pourtant il est aussi conscient de leurs limites :

> « ... Grâce à eux elle réussit à parler aux masses. Cependant l'usage des moyens de communication sociale pour l'évangélisation présente un défi : c'est que le message évangélique devrait, à travers eux, arriver à des foules d'hommes, mais avec la capacité de percer la conscience de chacun, de se déposer dans le cœur de chacun comme s'il était unique, avec tout ce qu'il a de plus singulier et personnel, et de recueillir en sa faveur une adhésion, un engagement tout à fait personnel.

---

[188]*EG*, nº 27.
[189]Cf. Albert ROUET, *La vie de l'église et la société aujourd'hui*, dans *Revue Spiritus*, 220 (septembre 2014), p. 289-299.
[190] PAPE JEAN-PAUL II, *Christifideles laici, exhortation apostolique post-synodale sur la vocation et la mission des laïcs dans l'Eglise et dans le monde*, Rome, 1988, nº 15.
[191]PAPE FRANÇOIS, *Discours à l'assemblée plénière du Conseil pontifical pour les laïcs*, Rome, 2016.

C'est pourquoi, à côté de cette proclamation de l'Évangile sous forme générale, l'autre forme de sa transmission, de personne à personne, reste valide et importante[192]. »

Le pape François, en *Evangelii gaudium*, revient aussi à la même question de l'évangélisation de personne à personne. Cette rencontre individuelle peut se réaliser à travers la présence et l'engagement des laïcs dans leurs milieux de vie et du travail.

> « Maintenant que l'Église veut vivre un profond renouveau missionnaire, il y a une forme de prédication qui nous revient à tous comme tâche quotidienne. Il s'agit de porter l'Évangile aux personnes avec lesquelles chacun a à faire... C'est la prédication informelle que l'on peut réaliser dans une conversation, et c'est aussi celle que fait un missionnaire quand il visite une maison. Être disciple c'est avoir la disposition permanente de porter l'amour de Jésus aux autres, et cela se fait spontanément en tout lieu : dans la rue, sur la place, au travail, en chemin[193]. »

Nous venons de voir quelques aspects importants pour la nouvelle évangélisation qui peuvent conduire à l'intériorisation de la foi. Mais quelle est la base de cette possibilité de foi personnelle ? Voilà la question qui préoccupe le chapitre suivant.

TROISIEME CHAPITRE
FONDEMENT DE LA FOI AUJOURD'HUI

Après avoir établi quelques éléments comme fils conducteurs de la nouvelle évangélisation comme approche pour l'initiation à la foi personnelle, essayons de voir sur quoi on peut fonder cette relation de foi personnelle aujourd'hui. La religion culturelle est un fondement transitoire qui change selon les mutations de la société. Avec la science qui démystifie beaucoup de choses autrefois considérées comme sacrées, les croyances fondées là-dessus tombent. Dans une Afrique qui se sécularise plus en plus la religion culturelle est disloquée. On ne peut plus compter pour longtemps sur les institutions sociétales pour véhiculer les valeurs évangéliques comme telles. Malgré tous ces changements, comme le dit Philippe Bacq, « ...l'Évangile travaille les consciences aujourd'hui comme celles d'hier. Il a toutes ses chances d'être écouté et entendu à neuf, comme une Bonne Nouvelle qui donne la vie[194].... » La foi reste une possibilité grâce à une fondation humaine et spirituelle.

3.1. La foi comme expérience humaine et spirituelle

C'est intéressant de voir comment différents auteurs, chacun à sa manière, affirment que la foi est une expérience humaine. J'en cite quelques-uns. Selon Roche croire fait partie de l'existence humaine sans cela on n'est plus humain. Donc, c'est une expérience communément humaine. Il argumente comme ceci : « ...La foi est une expérience humaine,

---

[192]*EN*, nº 45- 46.
[193]*EG*, nº 127.
[194]Philippe BACQ, *Une nouvelle chance pour l'Evangile, vers une pastorale d'engendrement*, Bruxelles, Lumen vitae, 2004, p. 5.

avant d'être une expérience chrétienne. Tout homme fonctionne à la foi. Pour cette raison, je n'aime pas l'expression 'incroyant'. Etre homme, c'est décider de faire confiance et on cesse d'être homme dès lors qu'on n'y croit plus[195]…. »

Paul-André Giguére présente, dans son ouvrage *Catéchèse et Maturité de la foi*, quelques auteurs qui traitent la question de la foi et la personne humaine. Pour C. W. Smith la foi a « …à faire avec la capacité humaine de s'impliquer : la tendance ou la qualité inhérente à chaque personne humaine de sortir d'elle-même et de s'engager[196]. » Dans cette sortie de la personne d'elle-même il s'agit d'aller au-delà des choses mondaines et s'ouvrir à la transcendance qui permet à une personne de devenir pleinement humaine.

Quant au théologien américain, Reinhard Niebuhr, il voit la foi en termes de relation : « quelqu'un qui se lie plus que quelqu'un qui brise les liens, quelqu'un qui fait confiance plus que quelqu'un qui se méfie, quelqu'un qui est fidèle plus que quelqu'un d'infidèle[197]. » Évidemment, ce n'est pas une simple relation d'une personne à l'autre mais plutôt la relation de l'être humain vis-à-vis de Dieu.

Paul Tillich considère la foi du point de vue de la quête de sens : « l'état d'être saisi par ce qui est l'objet de l'aspiration de la transcendance de soi, l'absolu de l'être et du sens[198]. »

Ce que je remarque de ces citations est que croire n'est pas quelque chose d'opposé à l'être humain, mais plutôt quelque chose qui l'aide à se réaliser pleinement à travers cette relation de foi. Le pape François, en *Evangelii gaudium*, parle de la même manière : « Nous parvenons à être pleinement humains quand nous sommes plus qu'humains, quand nous permettons à Dieu de nous conduire au-delà de nous-mêmes pour que nous parvenions à notre être le plus vrai. Là se trouve la source de l'action évangélisatrice. Parce que, si quelqu'un a accueilli cet amour qui lui redonne le sens de la vie, comment peut-il retenir le désir de le communiquer aux autres ?[199] ». Même la religiosité, en quelque sorte, est un témoignage d'une soif de quelque chose de plus profond. Justement, l'évangélisation accompagne l'homme sur ce chemin de quête du bonheur. Il s'agit de déconstruction et construction. Déconstruire parce que l'homme a besoin de voir les limites de certaines choses dans lesquelles il cherche à trouver le bonheur. Quant à la construction, il s'agit d'éclairer l'homme et lui proposer ce qui peut être un chemin du bien être véritable.

« Croire, une démarche fondamentale de notre humanité[200] », c'est le thème de la conférence donnée par le cardinal Danneels à Namur au Centre Religieux Universitaire (CRU). Pour lui la foi est une relation amoureuse par laquelle l'être humain se tourne vers l'extérieur car il est à la recherche de quelque chose du plus grand et le plus parfait. Voici quelques lignes de ses réflexions :

---

[195]ROCHE, p. 39.

[196]Wilfred Cantwell *SMITH*, *Faith and belief*, Princeton, Princeton university press, 1987, p. 142, cité dans Paul-André GIGUERE, *Catéchèse et Maturité de la foi, Bruxelles*, Lumen vitae, 2002. p. 45.

[197]Reinhardt H. NIEBUHR, *Faith on Earth, an inquiry into the structure of human faith*, London, Yale university press, 1989. P. 104, cité dans GIGUÉRE, p. 45.

[198]TILLICH Paul, *Systematic theology III*, London, James Nisbet & Co, 1978, p. 138, cité dans GIGUÉRE, p. 45.

[199]*EG*, nº 8.

[200]Cardinal Danneels, *Croire, une démarche fondamentale de notre humanité, Conférence sur la foi au Centre Religieux Universitaire (CRU) de Namur*, 2010, en ligne, site du diocèse de Namur, http://namur.diocese.be/default.asp?X=4FEC8CB6CD667A7862627A636308020106106578700B061071710F07166678640A0704004A, consulté le 13 mars 2017.

> « Quand nous récitons le Credo, nous disons : 'je crois en Dieu'... Et là c'est une relation amoureuse, une relation d'abandon qui démarre. Dieu est mon partenaire, il me parle, je lui fais confiance...
>
> Le Chrétien se remarque tout de suite, il est tourné vers l'extérieur. Il s'agit d'une personne qui n'est pas remplie que de lui-même, c'est un être qui se laisse remplir. Il a confiance, il fait confiance...
>
> La foi a un rôle vis-à-vis de la science. L'un libère l'autre. L'homme complet est un homme qui s'intéresse à la science et qui a la foi, il voit plus la profondeur...
>
> L'homme est fait de telle façon qu'il veut toujours plus que la perfection, du plus beau que ce qui est déjà beau. C'est une forme de transcendance. L'homme n'est pas capable de ne pas aspirer à quelque chose de plus grand[201]. »

L'aspect de la beauté qu'évoque Danneels trouve écho aussi chez le pape François comme une fondation possible de la foi aujourd'hui. « Annoncer le Christ signifie montrer que croire en lui et le suivre n'est pas seulement quelque chose de vrai et de juste, mais aussi quelque chose de beau, capable de combler la vie d'une splendeur nouvelle et d'une joie profonde, même dans les épreuves[202]. » L'homme porte en lui-même ce désir d'aller au-delà de ce qu'il est. Si dans sa soif il se laisse rencontrer par le Christ, cela peut conduire à une relation de confiance dans laquelle il espère trouver le bonheur. C'est le cas de la femme Samaritaine, comme l'exprime Serge Lefebvre dans son homélie du troisième dimanche de Carême :

> « En rencontrant cette Samaritaine, Jésus nous laisse entrevoir qu'il existe en chacun de nous une autre réalité que celle que nous faisons voir, une autre profondeur d'être et de vie que les apparences parfois bien superficielles de nos pauvres vies. Nous sommes capables de neuf, de renouveau. Si nous acceptons d'entrer dans sa dynamique de vie, de boire l'eau vivante de son Esprit Saint qu'il nous offre, alors surgira en nous... une source jaillissante en vie éternelle[203]. »

Tous ces propos concernant la fondation de la relation de foi touchent le désir profond de l'homme. Cela est bien exprimé de manière concise et captivante par St Augustin : « ...vous nous avez faits pour vous, et notre cœur est inquiet jusqu'à ce qu'il repose en vous[204]. » Cela n'est-il pas vrai pour l'homme africain qui se cherche à travers des rituels religieux ? N'est-ce pas également vrai pour l'homme d'Occident sécularisé ? Il me semble que cela est une expérience universelle qui touche tout homme. Justement, dans l'acte d'évangélisation l'Église est appelée à accompagner l'homme dans son désir de combler sa soif. Comme le disent les évêques de Belgique dans leur lettre pastorale, *être chrétien aujourd'hui*, « La foi n'apporte évidemment pas de solution immédiate. Mais elle propose une attitude fondamentale qui nous aide à retrouver une fraîcheur d'âme et une confiance

---

[201]Cardinal Danneels, en ligne.
[202]*EG,* nº 167.
[203]Serge LEFEBVRE, *Homélie du troisième dimanche de carême A*, en ligne : http://francoisassise.homestead.com/hom_car3_2014a.html, consulté, 17/03/2017.
[204]SAINT AUGUSTIN, *Confessions 1, 1,1* : http://livres-mystiques.com/partieTEXTES/Staugustin/confessions/livre1.htm, consulté le 11/02/2017.

fondamentale. En tant que croyant en Dieu, je sais que tout ne dépend pas de moi, et de moi seul, et que je n'ai pas tout en main[205]. »

Choisir n'est pas la seule capacité de l'être humain, mais il a aussi la capacité d'entrer en relation avec l'autre après un dialogue. Dieu qui se révèle initie un dialogue, une démarche libre de la part de l'homme pour faire finalement une réponse personnelle. Ce qui est fini en Europe c'est l'appui de la culture, c'est à dire, l'institution d'une société qui véhicule la religion. Quant à la foi, c'est une décision personnelle qu'une personne peut prendre indépendamment de la mentalité de sa société. Nous en avons la preuve dans le petit reste de chretiens et ce peu de jeunes qui tiennent encore à la foi malgré le milieu culturel qui n'est pas favorable. Voilà pourquoi les évêques de Belgique affirment, même en pleine sécularisation, oui, croire est possible. C'est parce que l'homme est capable d'être en dialogue et de répondre négativement ou positivement à ce Dieu qui se révèle. Donc, dans l'esprit qui anime l'évangélisation aujourd'hui « ... [il] ne s'agit pas ici de prétendre réhabiliter le christianisme en prouvant son utilité sociale, mais de montrer que la foi comme telle est une expérience humanisante dont les ressources propres doivent être mobilisées au service de la construction des personnes et de la société[206] »

Je trouve tout à fait juste le résumé du but de l'évangélisation dans l'expression de Mgr Bruno Forte, préface du livre *Qu'est-ce que la nouvelle évangélisation ?* : « ...comment allumer dans les cœurs un désir plus noble et plus élevé, plus nécessaire et profond, la nostalgie du Tout-Autre ? [207] ». C'est un peu comme Jésus qui essaie d'amener la foule qui le suit à l'essentiel : « En vérité, en vérité, je vous le dis, vous me cherchez non parce que vous avez vu des signes, mais parce que vous avez mangé du pain et que vous avez été rassasiés. Travaillez, non pour la nourriture périssable, mais pour celle qui subsiste pour la vie éternelle, celle que le Fils de l'homme vous donnera[208].... » L'évangélisation en Afrique, particulièrement à la paroisse St-Etienne, c'est accompagner des personnes pour qu'au milieu de leurs préoccupations matérielles elles ne perdent pas le sens profond de la vie. En fait, c'est le défi de l'évangélisation aujourd'hui, comment ouvrir des personnes aux horizons au-delà de la santé, de l'argent dans la poche ou d'une bonne récolte ?

3.2. L'enjeu de la foi aujourd'hui

L'enjeu de la foi aujourd'hui est bien exprimé quand les évêques de Belgique tracent l'évolution de l'adhésion à la foi :

> « Jusqu'il y a peu, chez nous Occidentaux, tout allait de soi. La foi chrétienne, sa doctrine, ses fêtes liturgiques et ses règles morales de comportement : tout cela appartenait, en grande partie, au patrimoine culturel inspirant la vie en société. Cela n'apparaissait pas comme étranger, mais faisait partie intégrante du monde environnant... [Mais les évêques se rendent bien compte que

[205] LES EVEQUES DE BELGIQUE, *Être chrétien aujourd'hui, Lettre pastorale*, Bruxelles, 2012, PDF, p. 11

[206] Henri-Jerome GAGEY, *la nouvelle donne pastorale*, paris, Editions de l'Atelier, 1999, p. 15.

[207] Fréderic MANNS, *Qu'est-ce que la nouvelle évangélisation ?*, Montrouge Cedex, Bayard, 2012, p. 11-12.

[208] Jean 6,26-27.

> le temps a changé.] La foi n'est plus portée par la société elle-même. Elle peut et doit relever d'une conviction personnelle qui n'est plus la conviction de la société elle-même[209]. »

L'absence de ce support culturel est une chance car elle responsabilise l'individu, en même temps c'est un défi car on ne peut plus évangéliser comme autrefois. Il faut de nouvelles méthodes adaptées au monde d'aujourd'hui. André Fossion parle de commencements, pour ceux qui découvrent la foi, mais aussi des recommencements, pour ceux qui sont déjà chrétiens. « Eux aussi, en effet, dans un contexte culturel nouveau, cherchent à rendre compte nouvellement de leur foi à leurs propres yeux comme au regard de ceux qui leur en demandent raison. Ainsi, par leur environnement, les chrétiens eux-mêmes sont-ils ramenés, eux aussi, aux questions premières, aux questions initiales où la foi commence[210].... » Ainsi, Fossion voit l'évangélisation comme simplement se mettre au service des commencements de la foi car « L'Évangile ... a une puissance de séduction en lui-même et par lui-même. Quant aux êtres humains, aujourd'hui comme hier, ils sont 'capables de Dieu' sans que le devoir nous incombe de créer cette capacité en eux[211]. » Mais de quelle manière ? C'est simplement « ...de rendre possibles les commencements et recommencements de la foi, de les favoriser, de les accompagner, lorsqu'ils adviennent, dans l'humilité, dans un esprit de service, sans prétendre en maitriser la fin, en respectant les nouvelles sensibilités et manières d'habiter l'Évangile[212]. »

Dans ce sens, même les demandes ambiguës de sacrements, qui parfois font problèmes de discernement pour les agents pastoraux, prennent une autre perspective comme dit Henri-Jérôme Gagey : « ...nul besoin de se débattre avec des demandes ambiguës dans l'espoir incertain de les corriger, il s'agit de proposer à neuf une chance dans le développement de la vie chrétienne[213]. » C'est pour cela que les évangélisateurs ne devraient pas avoir une mine défaitiste à cause des nombreux défis que présente l'évangélisation d'aujourd'hui. En effet, comme le dit Henri-Jérôme Gagey, « ...le temps présent n'est pas de soi plus défavorable à la vie de l'Évangile que les temps anciens, même s'il nous présente des défis inédits[214].... »

3.2.1. La foi proposée et accueillie librement

Voilà pourquoi on peut s'inspirer d'une époque qui ressemble à la nôtre. Les évêques citent Tertullien, père de l'église des deuxième et troisième siècles : 'On ne naît pas chrétien, on le devient[215]'. À cette époque : « Celui qui voulait devenir chrétien et demandait à être baptisé pour s'agréger à la nouvelle communauté des croyants, devrait alors franchir nombre de barrières sociales... la foi relevait d'un choix très personnel qui semblait d'abord étrange aux yeux de la société[216]. » Mais les évêques accueillent le défi qui vient avec de telles mutations comme l'occasion « de redécouvrir aussi combien la foi naît d'une réponse libre et

---

[209]Déclarations des évêques de Belgique, *Devenir adulte dans la foi, La catéchèse dans la vie de l'Eglise*, Nouvelle série nº 34, Bruxelles, 2006, nº 1-2.
[210]André FOSSION, *Quelle annonce d'Evangile pour notre temps ? Le défi de l'inculturation du message chrétien*, dans Philippe Bacq, *Une nouvelle chance pour l'Evangile, vers une pastorale d'engendrement*, Bruxelles, Lumen vitae, 2004, p. 77.
[211]*Ibid.*, p. 78-79.
[212]*Ibid.*, p. 79.
[213]GAGEY, p. 115.
[214]*IBID.*, p. 14.
[215]Déclarations des évêques de Belgique, nº 7.
[216]*Ibid.*, nº 7.

personnelle à la Parole de Dieu, quand celle-ci a touché le cœur d'un humain ?[217] » Grâce à cela l'Évangile transforme la vie et est une réponse à celui qui cherche un sens dans sa vie. Mais comment arriver à cette foi personnelle ? Il faut d'abord la première annonce, un point de rencontre avec la personne de Jésus avant la catéchèse. C'est le contraire de ce qu'on a toujours fait en missions. « On suit la catéchèse parce qu'on a rencontré l'Évangile et qu'on a été touché par la foi. Ce n'est pas d'abord la catéchèse et puis la foi. C'est l'inverse : d'abord on parvient à la foi (ou la foi vient à vous), et s'ensuit la catéchèse[218]. » Comment arriver à cette foi personnelle ? Les évêques font une belle réflexion que je reprends en entier.

> « C'est par l'annonce, la première annonce de l'Évangile, que l'on en vient à la foi... il s'agit d'écouter : quelque chose de très personnel se produit là, entre Jésus et son disciple, entre Dieu et sa créature... C'est une parole adressée personnellement, la parole de quelqu'un qui nous - qui me - parle. Sans cette parole, sans cette ouverture et cette 'révélation', la foi chrétienne ne s'appuie sur rien, elle est un beau système, une belle conception de vie, mais elle n'est pas la foi...
>
> Voilà comment on parvient à la foi : par la Parole de Dieu qui touche le cœur de l'homme. C'est ce que nous appelons la 'première annonce'. Cela se produit à travers des mots ou des signes humains. Mais c'est Dieu qui parle, qui ouvre le cœur de l'homme et le rend disponible à sa Parole. Ainsi, le cœur de saint Augustin, après qu'il eut longuement cherché, a-t-il été touché. Dans le dixième Livre de ses *Confessions*, il l'a si bien raconté : 'Alors tu as appelé, tu as crié, tu as vaincu ma surdité. Tu as brillé, tu as brûlé, tu as guéri ma cécité. Tu as répandu une bonne odeur, que profondément j'ai respirée, et maintenant je te désire. J'ai éprouvé tout cela et depuis j'ai faim et soif de toi. Tu as touché mon cœur, il s'est enflammé et il ne veut plus que ta paix'[219]. »

Pour proposer la foi André Fossion appelle à être attentif à ce besoin de l'homme moderne de choisir ce qu'il veut. C'est-à-dire, que l'évangélisation soit faite de manière qui ne bafoue pas ce besoin. « Nos contemporains ... sont soucieux et désireux de vivre cette autonomie, de tracer leur propre chemin à l'abri de tout endoctrinement et embrigadement .... L'exigence de la démocratie, en ce sens, ne concerne pas seulement le fonctionnement des institutions de la société ; elle est aussi, au cœur du sujet, l'appel à résister aux systèmes qui s'imposent et à être l'acteur de son propre destin au sein de la collectivité[220]. » Voilà pourquoi chaque chrétien devrait faire cette expérience personnelle. Avec toutes ces mutations, il y a un changement radical de l'identité chrétienne elle-même : « ...on sera identifié comme 'chrétien' ...non pas par le fait de la naissance dans une famille de tradition chrétienne, mais par un choix fait personnellement de suivre Jésus Christ[221].... » Grâce à cet enracinement de la foi dans un choix personnel, ceux qui tiennent à la foi aujourd'hui sont comme les disciples qui expriment la conviction de leur choix en disant : « Seigneur, à qui irions-nous ? Tu as les paroles de la vie éternelle[222]. » Se référant à Marcel Gauchet, *La religion dans la démocratie*, André Fossion remarque :

> « Les démocraties avancées se sont émancipées de la tutelle cléricale et de la religion comme fondement et comme encadrement de la société. Paradoxalement, dit-il, c'est chez elles que l'on voit émerger une manière neuve et résolument ajustée à notre temps d'assumer la foi chrétienne.

---

[217]*Ibid.*, no 9.
[218]*Ibid.*, no 16.
[219]*Ibid.*, nº 19-20.
[220]André FOSSION, *Une catéchèse catéchuménale*, dans Henri DERROITTE, *Théologie, mission et catéchèse*, Bruxelles, Lumen Vitae, 2002, p. 93.
[221]Marcel DUMAIS, *La nouvelle évangélisation*, Montréal, Médiaspaul, 2012, p. 24.
[222]Jean 6,68.

> Cette manière d'assumer la foi dans un monde sorti de la religion est, selon notre auteur, éminemment personnelle, libre et critique. Ce qui fait l'âme de l'adhésion religieuse aujourd'hui, souligne Marcel Gauchet, ce n'est pas l'obéissance servile mais la soif spirituelle, la quête de sens et la recherche d'une meilleure qualité de vie. C'est, en effet, sur le terrain de la vie bonne, pour l'individu et la société, que la foi religieuse se propose aujourd'hui, non point comme nécessaire, mais comme une dimension supplémentaire possible qui s'offre à la liberté[223]. »

Cependant, la personne qui parvient à la foi de manière personnelle et librement choisie, a besoin de soutien pour murir et vivre sa foi. D'où l'importance de l'initiation et l'accompagnement qui peuvent se faire dans le climat d'une communauté de foi.

3.2.2. Initiation et accompagnement

Initier et accompagner quelqu'un dans cette démarche de foi demande une approche tout à fait personnalisée, et non pas celle employée dans un milieu où le christianisme fait partie d'une culture populaire. Là « on devenait chrétien comme par osmose, simplement en adoptant les manières de penser, les comportements et les pratiques du milieu croyant auquel on appartenait. Les choses de la foi allaient de soi et elles s'identifiaient à la pratique : être chrétien, c'était être baptisé et être pratiquant. Dans ce contexte, la pastorale consistait à transmettre fidèlement la doctrine, la morale, les sacrements et la discipline canonique de l'Église[224]. » Par contre, ici il s'agit d'accompagner quelqu'un progressivement, à son rythme, à la vie chrétienne. C'est beaucoup plus que la catéchèse doctrinale donnée par un catéchiste mais plutôt toute la communauté est impliquée car la personne est initiée à travers la communauté qui vit, exprime et célèbre sa foi. L'initiation « ...se base également sur une redécouverte de toutes les dimensions de l'existence chrétienne. Il ne s'agit pas d'honorer seulement l'intelligence de la foi (dans un enseignement et une mémorisation des vérités chrétiennes), il s'agit aussi de redécouvrir que le croyant est aussi une femme, un homme qui prie, qui agit au milieu du monde, qui vit en relation avec d'autres[225].... ». C'est l'approche des premiers siècles de l'Église où les néophytes sont non seulement enseignés mais aussi initiés à la foi. L'initiation présuppose l'existence d'une communauté qui, vivant déjà la foi et les valeurs évangéliques, accueille les autres qui veulent participer à cette vie[226]. Donc, c'est toute la communauté chrétienne qui s'engage et s'organise pour cheminer avec les nouveaux chrétiens. Ainsi, on peut parler de la catéchèse communautaire à travers une communauté qui enseigne la foi, célèbre, prie et s'engage à témoigner de la foi surtout à travers le service.

Également, toujours dans le souci d'initier les nouveaux membres on peut parler aussi de la catéchèse de cheminement qui « ....est une mise en route libre, de personnes de tous âges et de tous bords, qui désirent construire et vivre ensemble dans une communauté fraternelle[227] » pour la maturation de la foi.

---

[223]Cf. Marcel GAUCHET, *La religion dans la démocratie, Parcours dans la laïcité*, Paris, Gallimard, 1998, p. 109-110 cité par André FOSSION, *Quelle annonce d'Evangile pour notre temps ? Le défi de l'inculturation du message chrétien*, dans Philippe Bacq, *Une nouvelle chance...*, Bruxelles, Lumen vitae, 2004, p. 75.

[224]Philippe BACQ, *Vers une pastorale d'engendrement*, dans Philippe BACQ, *Une nouvelle chance pour l'Evangile, vers une pastorale d'engendrement*, Bruxelles, Lumen vitae, 2004, p. 8.

[225]Henri DERROITTE, Une *catéchèse dans la mission de l'Eglise*, dans Henri DERROITTE, *Théologie, mission et catéchèse*, Bruxelles, Lumen Vitae, 2002, p. 207.

[226]Cf. *Ibid.*, p. 207.

[227]*Ibid.*, p. 210.

Conclusion

À la suite des préoccupations et limites de la religion culturelle de la paroisse St-Etienne à Kinshasa, que nous avons vues dans la première partie ; j'ai essayé dans cette deuxième partie de mener une réflexion sur l'évangélisation. C'était d'abord pour redécouvrir son sens et son but. L'histoire des pays de mission montre comment parfois ce sens profond de l'évangélisation a été affecté par certaines mentalités qui coloraient la prédication de l'Évangile. Cela fait que la situation religieuse aujourd'hui est, pour une part, fruit de cette histoire. Donc, si l'Église d'Afrique veut donner une profondeur à son christianisme, il est nécessaire de revisiter sa manière d'évangéliser. Heureusement, elle n'a pas besoin de commencer à zéro, plutôt, elle peut s'inspirer de l'expérience de l'Occident. En fait, c'est l'approche que j'ai prise.

Dans l'analyse du problème et dans la réflexion théologique j'ai essayé de mettre en miroir l'Afrique et l'Occident. C'est pour cela je vois la nouvelle évangélisation comme une exigence pour l'Afrique aujourd'hui, même si pour beaucoup d'Africains c'est un problème pour l'Occident. Il y a tant de travail qui été fait au niveau du magistère, des théologiens et aussi par les nouvelles communautés qui incarnent cet esprit de nouvelle évangélisation. Voilà pourquoi j'ai pris l'option de simplement identifier quelques éléments comme fils conducteurs et comme piliers sur lesquels on peut poser cette évangélisation en profondeur. Cependant, l'Afrique devrait adapter ces éléments à sa propre situation. D'où l'importance de l'inculturation, qui est simplement une pénétration de l'Évangile dans les cultures et les situations que vivent les gens à la suite de l'initiative de Dieu Lui-même qui se révèle à travers la vie de son peuple.

> « La mission comme contextualisation affirme que Dieu s'est tourné vers le monde… Dès que nous parlons de Dieu, le monde, qui est le théâtre de son activité, est déjà compris dans la discussion… La situation historique du monde n'est pas simplement une condition extérieure de la mission de l'Église ; elle devrait plutôt être incorporée comme élément constitutif dans notre conception de la mission … Une telle position est en plein accord avec la façon dont Jésus a compris sa propre mission, d'après les évangiles ; il n'est pas parti dans les hauteurs, mais s'est immergé dans les conditions très concrètes de la vie[228]…. »

Donc, comme fruit de cette réflexion, dans la partie suivante, je veux proposer quelques pistes pastorales qui pourraient favoriser la possibilité d'accueillir la foi librement et de la vivre avec profondeur grâce à la relation personnelle avec Dieu.

---

[228]David J. BOSCH, Dynamique *de la mission chrétienne, Histoire et avenir des modèles missionnaires*, Paris, Karthala, 1995, p. 571.

3ème partie : Pistes pastorales pour un christianisme de foi

Pour résister à la sécularisation l'Église d'Afrique a besoin d'évangéliser de manière à aider les fidèles d'adhérer au christianisme par la foi et par la relation personnelle avec Dieu. La grave conséquence de la sécularisation n'est pas que la religion perde sa place culturelle dans la société mais plutôt que l'homme risque de se couper de Dieu, source de la vie. Heureusement, en Afrique il reste encore la plateforme religieuse qui peut servir comme lieu de la nouvelle évangélisation. Voilà pourquoi dans cette troisième partie je veux proposer quelques pistes d'évangélisation qui peuvent aider à enraciner la pratique religieuse dans une expérience personnelle de foi. Cependant, je veux d'abord clarifier quel est le but de ces pistes pastorales dans ce mouvement de la nouvelle évangélisation.

PREMIER CHAPITRE
POURQUOI LA NOUVELLE ÉVANGÉLISATION ?

La *nouvelle évangélisati*on est un terme actuellement très courant dans l'Église de l'Occident suite aux défis que la sécularisation pose, surtout la diminution des chrétiens pratiquants. À l'Angélus après la clôture du synode des évêques sur la nouvelle évangélisation, le pape Benoît XVI remarque :

> « La session conciliaire nous a aidé à reconnaitre que la nouvelle évangélisation n'est pas notre invention, mais un dynamisme qui s'est développé dans l'Église de façon particulière à partir des années cinquante du siècle dernier, lorsqu'il est apparu évident que même les pays d'ancienne tradition chrétienne étaient devenus, comme on dit, 'terre de mission'. C'est ainsi qu'est apparue l'exigence d'une annonce renouvelle de l'Évangile dans les sociétés sécularisées, avec la double certitude que, d'une part, c'est Lui seul, Jésus Christ, la vraie nouveauté qui répond aux attentes de l'homme de chaque époque, et de l'autre, que son message exige d'être transmis de façon adéquate aux contextes sociaux et culturels en mutation[229]. »

Ainsi, l'Église se rend compte qu'elle devrait agir en réponse à cette situation. Pourtant, l'Église doit faire attention à éviter certaines mentalités qui risquent de dévier le vrai sens de l'évangélisation. Comme fruit de ma réflexion je suis arrivé à identifier quelques mentalités contre lesquelles l'Église d'Afrique devrait se mettre en garde, notamment : la mentalité de stratégie et la mentalité d'adaptation superficielle. Voyons ce que je veux dire par ces termes.

1.1. La mentalité stratégiste

Avec les églises qui se vident en Occident ou avec beaucoup de chrétiens qui quittent l'Église Catholique pour les sectes en Afrique, il apparaitrait légitime de se demander : que

---

[229]PAPE BENOIT XVI, *Allocution à l'Angélus du 28 octobre 2012, suite à la messe de clôture du Synode*, cité par Luc P. BRESSAN, *Qu'est-ce que la Nouvelle évangélisation ?*, dans François MOOG (Dr), *La catéchèse au service de la nouvelle évangélisation*, Paris, Desclée de Brouwer, 2013, p. 34.

faire pour tenir les gens loin de cet exode ? Que faire pour regagner les fidèles qui sont partis ? Par conséquent, l'évangélisation risque de devenir une ingénierie de stratégies. On peut jouer sur les besoins ressentis par les gens comme prières de bénédictions, de délivrance, ou de guérisons pour les attirer. D'ailleurs, c'est ce que font les églises du réveil. Vu combien cela attire les foules il y a des prêtres qui le font. Évidemment, il y a des masses qui les suivent. Cependant, la question que je me pose est celle-ci : est-ce que cela contribue vraiment à la croissance de la foi ?

Quelle que soit la question qui la préoccupe, l'Église devrait faire attention de ne pas perdre la raison d'être de l'évangélisation qui est l'annonce de la personne de Jésus. Par contre, la mentalité de stratégie risque de faire reculer l'Église sur des perspectives qui mesurent la réussite de l'évangélisation en termes de nombre des personnes et d'influence culturelle. En fait, il est tout à fait possible pour l'Église de s'assurer une influence assez importante dans la société, comme c'est le cas encore en Afrique, à travers les projets de développement, d'éducation et de santé. Mais cette influence contribue-t-elle vraiment à l'expérience de foi d'une personne ?

En fait, la manière dont nous parlons des églises de réveil trahit sur quel registre nous fonctionnons. Quand on voit la menace des sectes en termes d'Église catholique qui perd ses membres ce n'est pas la question de la foi qui est mise en évidence. Ainsi, on est préoccupé de savoir comment arrêter cette hémorragie religieuse même par des méthodes qui peut-être ne contribuent presque rien à la foi. Justement, face à tous les problèmes suite à la recherche de guérison dans les sectes, même par des catholiques, Santedi affirme qu'on ne peut laisser la pastorale dans cette confusion. Comme réponse il est d'accord avec Hebga qui recommande : « Il est donc temps de mettre en place une diaconie des malades inculturée[230]. » Je vois ici un souci pour une réponse pastorale, pourtant, cela me semble comme une stratégie qui répond à la menace que posent les sectes et peut-être une prétention de dire aux gens : restez, nous allons faire quelque chose pour vous. C'était également une des préoccupations des évêques africains pendant le synode de 1994 : « ...certains évêques se sont prononcés publiquement en faveur de la pratique du ministère de guérison comme stratégie pastorale pour retenir les chrétiens dans l'Église, en tant que cette pratique peut être une réponse à un besoin de plus en plus général au sein des communautés chrétiennes d'Afrique[231]. » N'est-ce pas là un arrangement pastoral ?

La question que je me pose est celle-ci : ces rituels améliorés et africanisés vont-ils apporter quelque chose de plus que le sacrement des malades ? Et que vise vraiment une telle action pastorale ? En outre, les prêtres ne tombent-ils pas dans la même mentalité des sectes quand, pour un problème conjugal par exemple, tout ce qu'ils trouvent à proposer au couple comme solution c'est de faire une neuvaine ou messe de délivrance ? Je ne disconviens pas de l'efficacité de la prière et du soutien qu'elle peut apporter, pourtant, cela ne risque-t-il pas de renforcer les fidèles dans une religiosité de solutions miraculeuses ? Par conséquent, on aboutit dans une pastorale palliative ou l'homme ne prend plus sa responsabilité de faire face à ses problèmes.

---

[230]M.P Hebga, *Le ministère de la guérison : monopole des sectes et Églises indépendantes,* dans *C.R.A* (1993-1994), p. 419, cité dans SANTEDI, *Défis*, p. 38.
[231]KIPANZA TUMWAKA, p. 423.

Jésus refuse de tomber dans ce piège de la facilité. Il va jusqu'à défier les gens : vous me cherchez, est-ce parce que vous avez vu les signes ou simplement parce que vous avez mangé le pain ?[232] Voilà pourquoi Jean ne parle pas de miracles mais de signes qui impliquent un regard de foi pour pouvoir y découvrir la grâce du royaume de Dieu. Jésus ne succombe pas non plus au chantage des pharisiens et des scribes qui lui disent : « Quel signe miraculeux fais-tu donc, lui dirent-t-ils, afin que nous le voyions et que nous croyions en toi ? Que fais-tu ?[233] » Ma préoccupation est que si on fait des rituels parce qu'ils rassurent et tranquillisent mieux les gens, les encourageant ainsi à rester dans l'Église, mais si cela ne les aide pas pour une démarche de foi, alors, ils demeurent dans une religion utilitariste. Une telle pratique religieuse est vouée à être abandonnée une fois qu'on trouve de meilleures solutions.

Liée à la mentalité stratégiste est la tendance de voir l'inculturation comme une baguette magique qui peut résoudre les problèmes d'évangélisation auxquels est confrontée l'Église d'Afrique. Qu'est-ce que l'inculturation sans une expérience de foi ? En soi, l'inculturation ne conduit pas à la foi. C'est évident quand nous prenons l'exemple de Jésus. Jésus est juif, il parle la langue de son peuple et il emploie des paraboles tirées de l'expérience des gens pour faire passer son message. Bien sûr, cela facilite la compréhension du message mais ça n'engendre pas la foi. Certes, l'inculturation est cardinale dans la transmission de l'Évangile, mais nous ne devons pas l'absolutiser car cela risque de créer des faux espoirs.

En bref, la mentalité stratégiste peut se traduire, comme le dit Charentenay, dans la tendance de faire de la nouvelle évangélisation une manière de reconstruire ou conserver la place de l'Église dans la société comme à l'époque de chrétienté[234]. C'est pour cela que quand je vois l'Église de l'Occident qui se bat pour pouvoir continuer à mettre la croix dans une salle de classe ou d'hôpital, à mon avis elle se bat pour perpétuer sa visibilité traditionnelle et culturelle. Oui, l'Église a le droit d'exister et elle doit se battre pour ce droit, cependant, elle peut bien accomplir sa mission même sans affichage de ces signes traditionnels. Certainement, cela pose un défi de créativité pour savoir marquer sa présence dans la vie de l'homme d'aujourd'hui. Et bien donc, dans la nouvelle évangélisation « [il] ne s'agit pas d'inventer on ne sait pas quelles stratégies, comme si l'Évangile était un produit à placer sur le marché des religions, mais de redécouvrir la façon dont, dans la vie de Jésus, les personnes se sont approchées de lui et ont été appelées par lui, afin d'introduire ces mêmes modalités dans les conditions de notre temps[235]. » Voilà pourquoi Philippe Bacq propose une pastorale d'engendrement. Quelle est la préoccupation de cette approche ?

> « La question qui se pose n'est donc pas : Comment l'Église va-t-elle susciter de nouveaux chrétiens ? Quelles stratégies pastorales convient-il de développer pour être le plus efficace ? Absolument pas. Les questions sont plutôt de l'ordre : Que se passe-t-il entre Dieu et ces hommes et ces femmes qui vivent à l'aube du XXIe siècle ? Quels chemins emprunte-t-il pour les rejoindre et les faire naitre à sa vie ? En quoi invite-t-il l'Église à transformer sa manière traditionnelle de croire et de vivre pour permettre la rencontre ?[236] »

[232]Cf. Jean 6,26.
[233]Jean 6,30.
[234]Cf. DE CHARENTENAY, p. 6.
[235]Synode des évêques, *Message au peuple de dieu sur la nouvelle évangélisation*, Rome, 2012, nº 4.
[236]BACQ, p. 21.

1.2. L'adaptation superficielle

Nous sommes dans un monde qui change. La manière d'évangéliser devrait changer aussi. Mais comment répondre à cette exigence ?

On peut avoir une approche d'évangélisation qui se contente de quelques aménagements qui, fondamentalement, préservent seulement ce qu'on a toujours fait. En ce cas-là, cette adaptation devient une résistance au changement. Nous pouvons nous appuyer sur l'idée du pape François quand il parle de l'Église « en sortie ». Je pense qu'il ne s'agit pas uniquement d'un mouvement spatial d'aller vers, bien sûr nécessaire, mais c'est aussi toute une attitude d'être prêts à changer quand c'est nécessaire. Il s'agit donc aussi d'être prêt à lâcher certaines manières de faire qui ne répondent plus à l'évangélisation dans le monde d'aujourd'hui. Mgr Albert Rouet met en question, par exemple, des restructurations de paroisses qui lui semblent représenter une manière de continuer à fonctionner dans les paroisses comme autrefois.

> « Les regroupements de paroisses réunissent des convaincus, ceux qui déjà appartiennent au cercle vivant de l'Église. Mais la concentration en un point extrait des autres localités les forces dont elles ont besoin pour tenir. Les liens sont inégaux : la centralisation exténue la périphérie. Certes, ceux qui vont au centre y ressentent du plaisir. Mais les autres ? Cette organisation joue à guichets fermés ! Elle ne fait pas un chrétien de plus. En clair : pour vivre sa foi, il faut aller ailleurs[237]. »

Rouet opte pour l'esprit inventif pour répondre à la situation d'aujourd'hui au lieu de rester lié à des structures qui sont presque impossibles à tenir aujourd'hui. Avec humour Rouet exprime ce que veut dire cet attachement au passé :

> « Saura-t-elle surtout se dépouiller de ses ornements passés pour accueillir la situation actuelle ? L'image du clocher par-dessus la colline avec le presbytère à son ombre et son jardin de curé hante l'imaginaire des Français aux 36 000 paroisses. Cette image en évoque une autre : sur la route, un passage à niveau non gardé est signalé par une locomotive à vapeur stylisée. Voici près de quarante ans que la SNCF ne fait plus circuler de locomotive à vapeur ![238] »

En se référant à la lettre des évêques aux Catholiques de France, Rouet propose d'avoir un regard positif qui ouvre à la créativité : « un monde s'efface et un autre est en train d'émerger, sans qu'existe aucun modèle préétabli pour sa construction[239]. » Pour atteindre ceux qui ont abandonné la foi, ceux qui ne croient pas, l'Église est mise au défi de chercher des pistes hors des sentiers battus. Cela appelle à un vrai changement, une aventure. L'Église est appelée à une dynamique de proposition de la foi, une dynamique de faiblesse, de précarité, car on ne sait pas ce que va donner la liberté de l'autre. Si l'Église veut continuer à évangéliser dans un monde qui change cela exige aussi un vrai changement dans ses styles de faire. Le pape François encourage une telle initiative en disant : « La pastorale en termes missionnaires

---

[237]Albert ROUET, *Un nouveau visage d'Église, L'expérience des communautés locales à Poitiers*, Paris, Bayard, 2005. pp. 29-30.
[238]*Ibid.*, p. 32.
[239]*Ibid.*, p. 127.

exige d'abandonner le confortable critère pastoral du 'on a toujours fait ainsi'. J'invite chacun à être audacieux et créatif dans ce devoir de repenser les objectifs, les structures, le style et les méthodes évangélisatrices de leurs propres communautés[240]. » En bref, pour pouvoir répondre aux exigences de l'évangélisation dans le monde d'aujourd'hui l'Eglise d'Afrique a besoin d'avoir le courage de repenser non seulement sa façon de faire mais sa façon d'être. Il ne s'agit pas d'adaptations superficielles mais plutôt de changements profonds et réfléchis.

Après ces pages de mise en garde, essayons voir quelles sont les propositions qui pourront aider la pastorale qui favorise l'enracinement de la foi ?

DEUXIEME CHAPITRE
PISTES POUR LA PERSONNALISATION DE LA FOI

Dans ce chapitre je veux proposer quelques éléments qui me semblent importants pour l'évangélisation qui vise la personnalisation de la foi. Il s'agit des attitudes, des méthodes, des contenus, et de la manière d'être pour l'évangélisateur comme pour l'évangélisé.

2.1. L'annonce

La base de la foi chrétienne c'est la personne de Jésus. L'annonce est cette première rencontre où quelqu'un présente qui est ce Jésus. C'est à partir de cette connaissance qu'une personne peut s'intéresser à vouloir connaitre davantage Jésus et éventuellement, si elle veut, devenir son disciple. Même la personne qui est née et grandie dans une famille chrétienne a besoin de faire, à un certain moment, cette démarche de découverte et de rencontre personnelle avec Jésus, mais toujours dans la communauté chrétienne.

Donc, la première chose c'est l'annonce qui fait connaître et rend possible cette rencontre de l'Évangile dans la vie de la personne. La Bonne Nouvelle c'est cet amour de Dieu qui se dévoile en Jésus qui est mort et ressuscité. C'est l'annonce que fait Pierre à Jérusalem[241]. Cela montre que la foi chrétienne est une rencontre avec une personne, car Dieu se révèle en ami à l'homme. La foi est la grâce de répondre positivement à ce dialogue que Dieu initie. Cette annonce de témoignage par ceux qui ont déjà rencontré le Christ peut donner à l'autre un goût de la foi. Voilà pourquoi cette annonce ne devrait pas être de simples belles paroles, mais aussi le témoignage d'une vie fondée et transformée par cette expérience de foi.

Mais que devrait être l'attitude de celui qui annonce ? Quel ton devrait-il assumer ? La réponse se trouve dans le deuxième élément.

---

[240] *EG*, nº 33.
[241] Cf. Actes 2, 14,22-32.

2.2. Proposer la foi

Le terme « proposer » implique que la chose n'est pas obligatoire. Ce n'est pas non plus quelque chose que je peux imposer à l'autre. Cela implique le respect de l'autre qui a la liberté d'accueillir ou de refuser ce qui lui est offert. Roche fait référence à la lettre des évêques aux catholiques de France quand il parle de la façon d'évangéliser aujourd'hui. Que l'église soit devenue minoritaire n'est pas une raison pour se taire et se replier sur soi. Elle doit témoigner et annoncer mais avec une attitude différente d'autrefois. Donc, la nouvelle évangélisation « …n'est pas une stratégie, ni un projet conquérant, mais le désir de partager ce qui nous tient à cœur et qui se révèle – pour nous – chemin pour devenir plus humains[242]. » Une attention spéciale est accordée à ce qui est essentiel à la foi. Voilà pourquoi les évêques de France recommandent : « 'La foi…chrétienne' est encombrée de beaucoup de choses … qui ne sont pas 'le cœur de la foi' mais qui pèsent… Appel à purifier notre foi et notre manière de la vivre. Appel à dépoussiérer notre relation à Dieu de tout ce qui n'est pas le cœur de la foi et qui risque de cacher l'essentiel[243]. » La relation avec Dieu ou avec la vie éternelle, peut être proposée sans plonger les gens dans la peur de l'enfer. Nous devons proposer la foi justement parce que « … l'Évangile est au service de notre liberté : Jésus Christ que nous essayons de suivre …nous apparait comme un chemin d'humanisation qui tient la route dans un monde parfois déshumanisé[244]… » En ce sens la sécularisation peut être une occasion pour l'Église de se décanter et revenir à l'essentiel de ce qu'elle est et à sa mission.

2.3. Respecter la liberté de choisir

Ici il s'agit de prendre au sérieux le besoin et la tendance de l'homme d'aujourd'hui d'être sujet et de choisir. « L'acte de foi est éminemment un acte de la liberté humaine : nul ne peut contraindre l'autre de répondre à l'amour de Dieu… Mission et catéchèse rejoignent la femme et l'homme dans un cheminement personnel[245]. » Je vois une tension et le jeu de l'engagement là où il y a un choix et là où il n'y en a pas, surtout en relation entre les communautés chrétiennes de base et les mouvements d'action catholique. L'exemple de ma paroisse d'origine en Zambie, St-Joseph ; la paroisse St-Étienne à Kinshasa ; la paroisse Ste-Rita Tokolote, diocèse de Kindu, Congo ; et la paroisse Notre Dame d'Afrique à Goma. Dans toutes ces paroisses il y a une grande préoccupation d'encourager les gens pour qu'ils participent aux activités des communautés de bases. Par contre, pour les mouvements d'action catholique ça va de soi et la participation est impressionnante. Quelle peut être l'explication de cela ? Une chose me paraît évidente, le choix personnel assure un engagement sérieux. Dans les communautés chrétiennes de base on appartient à une communauté du fait de la localité. Par contre, dans les mouvements d'action catholique on devient membre d'un

---

[242]Jean-Pierre ROCHE, *La nouvelle évangélisation racontée à ceux qui s'interrogent,* Paris, de l'atelier, 2013, p. 38.
[243]*Ibid.,* p. 40.
[244]*Ibid.,* p. 39.
[245]Henri DERROITTE, Une *catéchèse dans la mission de l'Église*, dans DERROITTE, *théologie, mission et catéchèse*, Bruxelles, Lumen Vitae, 2002, p. 197.

mouvement par un choix propre. Ce choix personnel est mobilisant et facilite un engagement solide.

À cause de l'influence culturelle que l'Église catholique exerce encore, et avec le respect que les fidèles ont à l'égard du religieux, l'Église en Afrique demeure encore fortement cléricale avec beaucoup de jeu de pouvoir. En même temps, les pays Africains montrent une tendance vers la démocratie et le besoin de s'exprimer. Cela fait qu'une manière de faire la pastorale qui n'est pas participative risque de créer une certaine aversion. Par contre, une approche participative responsabilise et inculque le sens d'appartenance avec un engagement personnel. Cette liberté on peut la discerner dans la question de Jésus aux disciples quand certains renoncent à le suivre : « Et vous, ne voulez-vous pas aussi vous en aller ?[246] » Par cette question Jésus appelle à la liberté de choisir. Ainsi, donc, un des signes d'une foi mature c'est la capacité des fidèles de s'engager par un choix libre et non par contrainte. Voilà pourquoi l'attitude de proposition devrait traverser toute forme de l'évangélisation aujourd'hui. Sinon, l'Église risque de se trouver devant des réactions pareilles à celle des Indiens américains exprimée dans la lettre[247] au Pape Jean-Paul II lors de sa visite au Pérou en 1985. Même si je n'imagine pas une lettre comme celle-ci pourtant on ne manquera pas d'entendre certains Africains qui regardent encore le christianisme comme une religion pour les Occidentaux. Cela n'est-il pas un signe que ces gens, bien qu'ils soient baptisés et qu'ils s'appellent chrétiens, se sentent pourtant toujours dehors ? Conscients de cette liberté dans le monde d'aujourd'hui, les évêques de France proposent d'en prendre compte dans l'approche catéchétique : « L'Église annonce l'Évangile dans une culture où chacun entend être le maître de ce à quoi il croit et attend de l'Église qu'elle sache l'aider à être pleinement lui-même[248]. »

2.4. Une initiation à la foi personnelle

La perspective de la vie en Afrique est fortement communautaire. Parfois, le social va même jusqu'à précéder l'individu. Ce peut être un atout car la foi chrétienne n'est pas une affaire individuelle. Néanmoins, cette tendance communautaire peut favoriser un christianisme culturel mais manquant d'un attachement personnel. Quels que soient le milieu et la culture, tout de même, « La foi est toujours 'l'objet d'un choix'. Elle ne peut pas se confondre avec 'l'entrée dans un système', car elle est toujours 'un engagement de la liberté' qui engage la responsabilité personnelle du croyant[249]. » D'ailleurs, il y a un mouvement de mentalité en faveur de la personne qui veut s'affirmer. Si les fidèles ne sont pas bien

---

[246]Jean 6,67.

[247]« Nous, Indiens des Andes et de l'Amérique, voulons profiter de la visite de Jean-Paul II pour lui rendre sa Bible car, en cinq siècles, elle ne nous a procuré ni amour, ni paix, ni justice. S'il vous plait, reprenez votre Bible et remettez-la à nos oppresseurs, car ils ont davantage besoin de ses préceptes moraux que nous-mêmes. En effet, depuis l'arrivée de Christophe Colomb, une culture, une langue, une religion et des valeurs proprement européennes ont été imposés à l'Amérique par la force. » Lettre de dirigeants indiens à Jean-Paul II, lors de sa visite au Pérou en 1985, citée dans ROCHE, p. 51-52.

[248]Les évêques de France, *Texte national pour l'orientation de la catéchèse en France*, en PDF : http://www.catechese.catholique.fr/download/6-213920-0/texte-national-pour-l-orientation-de-la-catechese-en-france.pdf, 2006, p. 11.

[249]BACQ, p. 12.

accompagnés dans ce besoin de s'affirmer cela risque de déboucher dans un rejet de toute obligation culturelle, la religion incluse. D'où l'importance d'aider la personne à établir une relation personnelle et de foi vis-à-vis la religion.

D'ailleurs, en Occident aussi il existe cette tension entre un acte de foi personnel et une pression culturelle. Les personnes qui demandent les sacrements, parfois, laissent douter de la place de leur foi personnelle et même de leur sens d'appartenance à l'Église. « Des parents venant demander le baptême de leur enfant pour respecter la tradition familiale ou 'pour que l'enfant soit protégé', sans que cette requête semble s'enraciner dans une véritable démarche de foi en un Dieu personnel[250]. » Il y en a d'autres aussi, explique Malvaux, les couples qui viennent demander de se marier à l'Église ou baptiser leur enfant simplement parce qu'ils veulent le faire comme leurs parents. « Le baptême ou le mariage religieux conservent donc alors une fonction sociale, mais il s'agit davantage de rites intégrateurs dans la famille que dans la communauté ecclésiale[251]. » Évidemment ces demandes de sacrements, actes religieux visiblement, manquent pourtant un fondement de foi personnelle, car « La foi désigne la réponse que les croyants donnent à Dieu qui se communique à eux[252].... » Cette foi n'est pas une simple réponse intellectuelle mais toute une relation de communion et d'intimité avec la personne de Jésus Christ. L'initiation à la foi implique toute démarche qui rend possible à une personne à grandir et à découvrir la richesse de la foi en Jésus Christ à travers la vie chrétienne[253].

2.5. Une catéchèse axée sur la personne

La catéchèse c'est la connaissance, l'éducation et l'approfondissement de la foi. Mais la porte d'entrée à la foi est cette expérience de rencontre après l'annonce de l'Evangile. Si nous parlons de la catéchèse réellement comme approfondissement de la foi il est important qu'elle aide la personne à approfondir cette expérience initiale. Cela demande une formation intégrale qui nourrit la foi surtout en aidant la personne à approfondir son expérience initiale de sa rencontre avec l'Evangile.[254] Pourtant, souvent il y a une tension.

Tout d'abord, pour la bonne organisation de la catéchèse il y a le programme établi pour l'année et il y a aussi des manuels qui servent comme des syllabus à parcourir de manière scolaire. Mais prend-on vraiment en compte le rythme de la personne ? Voilà pourquoi l'évangélisation d'accompagnement et d'engendrement est importante car ça met l'évangélisateur et l'évangélisé en dialogue. « Si… la Révélation est cet évènement par lequel Dieu s'approche de nous et se donne dans l'histoire humaine, l'éducation de la foi des adultes s'en trouve renouvelée[255]. » *Dei Verbum* fait la même affirmation. Par la révélation « Dieu s'adresse aux hommes comme à des amis, et converse avec eux pour les inviter à entrer en

---

[250]Benoit MALVAUX, *L'accès aux sacrements, pratiquer l'ouverture sans brader, plaidoyer pour une approche positive de la diversité*, dans Philippe BACQ, *Une nouvelle chance pour l'Évangile*, Bruxelles, Lumen vitae, 2004, p. 108.
[251]*Ibid.*, p. 111.
[252]BACQ, p. 13.
[253]Cf. Les évêques de France, p. 16.
[254]Cf. *Ibid.*, p. 17.
[255]ROUTHIER, *Catéchèse pour adultes* dans Henri DERROITTE, *Théologie, mission et catéchèse*, Bruxelles, Lumen Vitae, 2002, p, 41.

communion avec lui et les recevoir en cette communion[256]. » En fait, ce que nous désignons comme révélation, c'est le cheminement de Dieu avec son peuple à travers leur propre histoire qui s'accomplit en Jésus Christ[257]. Donc, une évangélisation qui veut initier la personne dans la foi mature devrait « adopter la manière de Dieu qui est entré, dans l'histoire, en conversation avec son peuple[258]. » Mais ce dialogue est impossible pour une catéchèse penchée sur un syllabus de manière scolaire ou une évangélisation qui serait seulement un message à transmettre. Dans sa conférence d'ouverture de l'Assemblée plénière des évêques de France, à Lourdes, Mgr Billé exprime bien le sens de ce dialogue :

> « Cela veut-il dire que nous pourrions penser l'annonce de l'Évangile sur le seul mode du don, de l'apport, de la proposition à des hommes et des femmes qui auraient tout à recevoir, mais rien à dire ou à donner ? Mais nous savons bien qu'il n'existe pas d'Évangile sans dialogue. Nous ne pouvons pas apporter toutes les réponses avant d'avoir écouté les questions. Nous ne pouvons pas seulement écouter les questions pour lesquelles nous avons des réponses. Le dialogue à vivre est d'ailleurs au-delà du rapport entre les questions et les réponses. Il tient à ce qu'un même Esprit est à l'œuvre chez l'évangélisateur et chez l'évangélisé et que le premier, s'il sait ce qu'il propose, accepte aussi d'être converti par celui qui a bien voulu l'écouter[259]. »

En plus, comment peut-on vraiment parler de l'accompagnement pour un catéchiste qui a plus d'une trentaine de personnes ? Il n'y a pratiquement pas de moyen de suivi individuel. Avec cela il n'est pas étonnant que dans une paroisse comme Notre Dame d'Afrique[260] qui compte plus ou moins 500 jeunes confirmés chaque année pourtant on ne sait pas dans quel trou disparaissent ces jeunes après. Le manque de suivi personnel n'est-il pas une des raisons ? Peut-être serait-ce une bonne idée de veiller à ce que la catéchèse ne soit pas comme un cours de religion fait à la paroisse, mais qu'elle soit un accompagnement dans la démarche de foi selon la situation qui est propre à chaque personne. Je suis conscient de ce que cela représente comme défi étant donné les grands nombres de personnes dans beaucoup de paroisses en Afrique. À mon avis on peut valoriser le rôle des parrains et marraines. Ces personnes accompagnent les jeunes pendant la réception des sacrements mais après elles sont plutôt visibles dans le rôle social à l'égard de ces jeunes. Je pense que ces personnes peuvent jouer ce rôle d'un suivi plus individuel pour la croissance et approfondissement de la foi.

Un autre aspect important pour l'approfondissement de la foi est la formation permanente. Cela peut contribuer à une lecture chrétienne des évènements avec les yeux de la foi[261] pour sortir de la catéchèse d'enfant axée sur la préparation pour les sacrements et la mémorisation de la doctrine. Ici on donne aussi l'importance, comme Molinario l'appelle, à la catéchèse occasionnelle. Les évènements de la vie, personnels ou communautaires, familiaux ou professionnels, deviennent des occasions d'approfondir le sens de la vie[262]. Ça va de la même manière que la catéchèse catéchuménale dont « la première étape consiste à partir de

---

[256]*DV*, nº 2.
[257]Cf. ROUTHIER, p, 42.
[258]*Ibid.*, p, 42.
[259]Mgr Louis-Marie BILLE, *Conférence d'ouverture, Assemblée plénière des évêques de France, Lourdes, 2000.*
[260]Paroisse à l'est du Congo, Goma, où j'ai fait le ministère après Kinshasa.
[261]Cf. MOLINARIO, *Une catéchèse permanente*, dans Henri DERROITE, *Théologie, mission et catéchèse*, Bruxelles, Lumen Vitae, 2002, p. 81.
[262]Cf. *Ibid.*, p. 82.

l'homme tel qu'il est. ...[263] » Donc, nous parlons d'une catéchèse qui accompagne la personne dans les évènements et les étapes de la vie.

2.6. Une pastorale contextuelle

Ici je relève la tension entre l'Église universelle et l'Église locale. J'apprécie le thème qui est proposé, par exemple par le pape comme orientation pastorale d'une année. L'an dernier nous avons eu l'année de la Miséricorde. Avant, nous avons eu l'année des consacrés, de la foi, de St Paul et d'autres. Comme point fort, à travers ces thèmes communs toute l'Église chemine d'un même cœur. Pourtant, au moment où l'Église universelle est unie autour d'un thème, les Églises locales en différents pays vivent des situations diverses et elles aimeraient concentrer leur réflexion sur d'autres choses plus pertinentes au niveau local. Je vois un danger d'avoir une orientation pastorale qui est peut-être déconnectée de ce que peuvent ressentir les gens comme besoin. Philippe Bacq relève la même tension entre l'organisation et les institutions pastorales et les situations sur le terrain : « La pastorale d'engendrement ne laisse pas de côté les aspects organisationnels et institutionnels indispensables pour lui conférer force et stabilité... Mais elle élabore les structures qui lui paraissent nécessaires, selon les lieux et les circonstances, en les mettant au service des relations qu'elle promeut en priorité[264]. » C'est pour cela que je trouve belle l'image de créativité pastorale en ce que dit le synode sur la famille concernant l'attitude de l'accompagnement :

> « L'Église fait siennes, en un partage affectueux, les joies et les espoirs, les douleurs et les angoisses de chaque famille. Être proche de la famille comme compagnon de route signifie, pour l'Église, assumer une attitude savamment différenciée : parfois il est nécessaire de demeurer à côté d'elle et d'écouter en silence ; dans d'autres cas, il faut précéder pour indiquer le chemin à parcourir ; dans d'autres encore, il est opportun de suivre, de soutenir et d'encourager[265]. »

Une telle créativité demandera aussi, peut-être, de laisser surgir du bas les initiatives pastorales. Ça peut être une manière de sonder ce qui est important pour les fidèles et ce qu'ils attendent de leurs pasteurs. J'apprécie l'ouverture du pape François, exprimée au début de son Exhortation Apostolique *Evangelii Gaudium*, qui responsabilise les conférences épiscopales pour répondre aux questions pastorales pertinentes à leurs milieux.

> « Les thèmes liés à l'évangélisation dans le monde actuel qui pourraient être développés ici sont innombrables. Mais j'ai renoncé à traiter de façon détaillée ces multiples questions qui doivent être l'objet d'étude et d'approfondissement attentif. Je ne crois pas non plus qu'on doive attendre du magistère papal une parole définitive ou complète sur toutes les questions qui concernent l'Église et le monde. Il n'est pas opportun que le Pape remplace les Épiscopats locaux dans le discernement de toutes les problématiques qui se présentent sur leurs territoires. En ce sens, je sens la nécessité de progresser dans une 'décentralisation' salutaire[266]. »

---

[263] *Ibid.*, p. 79.
[264] BACQ, p. 20.
[265] Synode des évêques, *La vocation et la mission de la famille dans l'Église et dans le monde contemporain, Rapport final*, Rome, 2015, nº 77.
[266] *EG*, nº 16.

2.7. Une inculturation ouverte à l'Afrique d'aujourd'hui

Il y a une tendance de regarder l'Afrique en termes de son antiquité, son état virginal avant les activités coloniales et missionnaires. Par conséquent, on considère l'état de l'Afrique aujourd'hui comme un fruit étranger, et donc l'inculturation est vue comme moyen de récupérer l'Afrique perdue. Quelle utopie ! Eh bien, l'Afrique n'est pas figée. Elle est dynamique, elle donne et elle reçoit. Évangéliser et inculturer la foi n'est pas à chercher dans l'Afrique d'autrefois mais plutôt dans l'Afrique d'aujourd'hui. C'est dans cette Afrique que l'Église est appelée à évangéliser et à proposer la foi, et non pas dans une Afrique de rêve qui n'existe plus. Jean-Marie Donegani a raison quand il dit :

> « La problématique de l'inculturation ne concerne pas seulement les rapports entre la culture catholique occidentale et l'éclosion de nouvelles Églises locales dans des contextes culturels et sociaux nouveaux. Elle doit aussi affecter les jugements que l'on porte sur l'époque actuelle, et plus généralement sur une modernité encore trop souvent conçue comme venant disloquer les ressorts traditionnels de la transmission de la foi et de l'autorité de l'Église sur la société[267]. »

Voilà pourquoi une vraie inculturation réside dans une réflexion théologique qui est contextuelle et qui essaie d'actualiser le message chrétien en répondant à la situation de la personne dans le présent. Jean-Paul II exprime la dynamique de la culture en ces mots : la personne humaine « est à la fois fils et père de la culture dans laquelle elle est immergé[268]. ». L'Église d'Afrique devrait non seulement rendre compte de cette dynamique culturelle mais aussi assumer une attitude positive envers l'Afrique d'aujourd'hui. Aujourd'hui les jeunes Africains, avec les réseaux sociaux, se trouvent, quel que soit l'endroit, bien branchés avec le monde entier. La tendance est de vouloir condamner la mondialisation comme mauvaise et d'avoir un regard de soupçon sur les gens qui l'accueillent. C'est la meilleure façon d'éloigner les jeunes. Sur cette question Derroite se réfère à un théologien Français, Antoine Delzant, dans son article *Quelques défis de la culture contemporaine*, et dit : « Face à ce monde, on adopte soit une attitude négative : cette société est mauvaise ; le mieux est alors de s'en écarter et de se protéger le mieux possible. L'autre attitude est celle de l'ouverture et du discernement : c'est cette culture que le christianisme vient habiter et vivifier[269]. » Mais il n'y a pas une meilleure référence que Jésus lui-même. « Il a assumé toute les exigences et les particularités de la condition humaine en un lieu, en un temps et il a été inséré au sein d'un peuple vivant une situation sociale et politique précise. Pour sa prédication, il a utilisé des images, des formules qui rappelaient à ses auditeurs toutes les réalités familières à leur culture[270]. » Il n'y a pas d'autre champs à travers lequel l'Église peut évangéliser l'Afrique en dehors de la réalité actuelle de l'Afrique.

---

[267]Jean-Marie DONEGANI, *Inculturation et engendrement du croire* dans Philippe BACQ, *Une nouvelle chance pour l'Évangile*, Bruxelles, Lumen vitae, 2004, p. 31.
[268]JEAN-PAUL II, *Lettre encyclique, Fides et ratio*, Rome, 1998, nº 7.
[269]Cf. Antoine DELZANT, *Quelques défi de la culture contemporaine pour l'annonce de la foi*, dans *catéchèse*, 114 (janvier 1989), p. 59, cité par DERROITTE, Une *catéchèse dans la mission de l'Église*, dans DERROITTE, *Théologie, mission et catéchèse*, p. 199.
[270]DERROITTE, p. 198-199.

2.8. Une Église hôpital

À l'hôpital on soigne les malades et la préoccupation n'est pas de juger quel mal quelqu'un a fait pour attraper sa maladie. Cet accueil on le trouve chez Jésus vis-à-vis des personnes connues dans leur société comme pécheurs. Les exemples abondent : Zachée, la femme pécheresse ou l'appel de Matthieu. Derrière ces gestes de Jésus nous voyons l'amour inconditionnel de Dieu. À ce sujet, les évêques de Belgique affirment : « On ne saurait réduire la foi à un code de bonne conduite morale. Dieu ne se présente pas d'abord comme quelqu'un qui exigerait ou obligerait. C'est un Dieu qui nous connaît, qui nous aime et qui veut que nous le connaissions et l'aimions. C'est ainsi qu'il s'est révélé dans le Christ : en lui, il a aimé ce monde jusqu'au bout[271].... »

L'évangélisation en Afrique devrait s'efforcer d'aider les fidèles à voir qu'ils sont aimés de Dieu gratuitement. La peur et le besoin d'accomplir ceci ou cela pour obtenir une certaine faveur sont un signe que les gens croient devoir travailler pour mériter l'amour de Dieu. Il faut apaiser Dieu pour avoir sa faveur. L'Église peut témoigner de cet amour gratuit par la qualité d'accueil des personnes qui se trouvent dans les situations parfois dites irrégulières. Cela rejoint Jean-Marie Abgrall qui remarque que beaucoup de personnes se trouvent dans les sectes en un moment de crise[272], comme le divorce. En ce moment de crise si nous parlons à la personne en termes d'éthique et d'interdits, ce n'est pas étonnant qu'elle quitte l'Église. Moraliser avec ceux qui peinent à la suite d'un divorce ou d'un moment où quelqu'un trouve un certain bien-être dans une nouvelle relation n'aide pas la personne à se reconstruire. C'est comme ça que les gens vont chez les sectes car ils se sentent mal comprises et jugées. Parfois on va jusqu'à imposer des sanctions aux parents pour les fautes morales des enfants. Par rapport de la qualité d'accueil, les évêques de France proposent une bonne articulation entre l'accueil inconditionnel et l'exigence de la foi :

> « Aujourd'hui frappent à la porte de l'Église des personnes de tous âges, ayant souvent vécu des parcours fort différents. Il faut alors permettre à ces personnes de formuler leurs questions existentielles, savoir écouter leurs demandes, accueillir leurs découvertes, en cherchant l'attente, le désir de Dieu qui a déjà été éveillé en elles par l'Esprit Saint...
>
> On veillera ensuite à articuler accueil inconditionné des personnes et proposition exigeante. Il s'agit en effet de mettre sur le chemin de la rencontre avec le Christ selon la foi de l'Église[273]. »

C'est vrai, il y a beaucoup de catholiques en Afrique qui quittent l'Église à cause de la manière dont ils se voient et sont traités quand ils se trouvent en certaines situations éthiques. Voilà pourquoi Leonardo Boff dit, pour évangéliser « ...il faut participer à cette culture, en découvrir les valeurs, l'aimer ; enfin, en être solidaire...rendre solidaire d'une culture implique d'assumer ses côtés lumineux et aussi, dans un esprit critique, ses points d'ombres,

[271]Déclarations des évêques de Belgique, *Devenir adulte dans la foi,* nº 96.
[272]Cf. Jean-Marie ABGRALL, *La mécanique des sectes*, Paris, France loisir, 1996.
[273]Les évêques de France, *Texte national pour l'orientation de la catéchèse en France et des Propositions pour l'organisation de l'action catéchétique en France*, Paris, 2006, PDF : http://www.catechese.catholique.fr/download/6-213920-0/texte-national-pour-l-orientation-de-la-catechese-en-france.pdf, p. 27.

car une culture forme toujours un ensemble[274]. » Quant à Roche, il nous fait entrer dans une attitude pastorale de Jésus : « Son respect pour ceux qu'il rencontre, sa manière de donner la parole en posant des questions ouvertes, sa capacité d'admiration des étrangers, sa délicatesse pour valoriser ses interlocuteurs en soulignant ce qu'il y a de meilleur en eux, mais aussi son audace pour dénoncer les abus de pouvoir religieux, tout cela fait partie du contenu de l'évangélisation[275]. » Pour résumer cette attitude pastorale d'une Église hôpital je prends la parole du pape Paul VI dans *Evangelii nuntiandi* quand il explique comment un évangélisateur devrait être animé par l'amour pour ceux qu'il évangélise :

> « L'œuvre de l'évangélisation suppose, dans l'évangélisateur, un amour fraternel toujours grandissant envers ceux qu'il évangélise [comme celui de Paul aux Thessaloniciens] ... Quelle est cette affection ? Bien plus que celle d'un pédagogue, elle est celle d'un père ; et plus encore: celle d'une mère... C'est cette affection que le Seigneur attend de chaque prédicateur de l'Évangile, de chaque bâtisseur de l'Église...
>
> Le premier est le respect de la situation religieuse et spirituelle des personnes qu'on évangélise. Respect de leur rythme qu'on n'a pas le droit de forcer outre mesure. Respect de leur conscience et de leurs convictions, à ne pas brusquer.
>
> Un autre signe de cet amour est le souci de ne pas blesser l'autre, surtout s'il est faible dans sa foi, avec des affirmations qui peuvent être claires pour les initiés, mais qui pour les fidèles peuvent être source de perturbation[276].... »

En bref, l'Eglise comme hôpital demande la compréhension et la patience en accueillant toute personne comme elle et en lui donnant la possibilité de cheminer dans la foi selon sa situation. « Nous ne pouvons pas présupposer que toutes les personnes qui demandent à être catéchisées baignent déjà dans la culture chrétienne ou sont en connivence avec le chemin auquel elles sont invitées... Il est nécessaire pour cela de faire des offres diversifiées adaptées aux personnes, en respectant leur liberté[277]. »

2.9. Église comme ferment dans la société

Il s'agit d'abord de savoir identifier qu'est-ce que ce l'Eglise au fond et quelle est sa mission pour qu'elle puisse vivre pleinement selon son identité et sa mission. Souvent, comme le disent les évêques de Belgique, on voit l'Église comme institution pourtant elle est beaucoup plus que cela. Elle est essentiellement une communauté de foi en Jésus Christ[278]. La conscience d'appartenir à cette communauté des croyants peut donner une nouvelle naissance à la façon de témoigner de sa foi comme membre de l'église. C'est ce qu'exprime Chiara Lubich parlant des chrétiens anonymes.

> « De temps en temps, Seigneur, dans le va-et-vient absurde de la rue, au milieu de la frivolité, de la superficialité et de la hâte de tous ces gens qui passent, l'habit d'une religieuse, le passage discret d'une petite sœur de Foucauld, dans sa tenue résolument modeste, proclame l'idéal de

[274]Leonardo BOFF, *La nouvelle évangélisation*, dans *La perspective des opprimés*, Paris, Cerf, 1992, p. 47.
[275]Jean-Pierre ROCHE, *La nouvelle évangélisation racontée à ceux qui s'interrogent*, Paris, De l'atelier, p. 56.
[276]*EN*, nº 79.
[277]*Les évêques de France, Texte national de catéchèse...*, p. 27.
[278]Déclarations des évêques de Belgique, *Devenir adulte dans la foi*, Nouvelle série 34 (septembre 2006), nº 55.

son fondateur, dont la vie a crié l'Évangile. À ces moments renait en nous, avec davantage de fougue encore, le désir de te 'proclamer' nous aussi. Comment, cependant, pouvons-nous 'te donner' au monde par notre seule apparence, 'te proclamer' au monde, témoigner de toi, te faire connaitre, nous qui sommes vêtus comme tout le monde, qui nous confondons avec tout le monde, comme Jésus et Marie à leur époque ? Alors, jaillit de notre cœur la réponse évangélique, la solution que tu proposes : À l'amour que vous aurez les uns pour les autres, on vous reconnaitra pour mes disciples (Jn 13, 35). Voilà la tenue des chrétiens anonymes, celle des jeunes et des plus âgés, celles des hommes et des femmes, celle des familles, des adultes ou des enfants, des malades ou des bien-portants, celle que tous peuvent endosser pour crier sans cesse et en tout lieu le nom de celui auquel ils croient et qu'ils désirent aimer[279]. »

Cela était également la vue du Cardinal Malula quand il parlait de l'inculturation sociale de l'Évangile pour que les chrétiens deviennent la lumière du monde et le sel de la terre. Pour lui, la foi reçue dans le baptême « doit grandir, mûrir, devenir adulte et porter des fruits[280]. » En l'absence de cela nous avons le problème que décrit Santedi « ... tout le monde prie mais [où] tout le monde également se plaint d'un désordre moral et spirituel sans précédent[281]. » C'est pour cela qu'il faut une évangélisation qui initie les fidèles à vivre dans l'esprit de l'Évangile. C'est-à-dire, « ...former des hommes de foi, des hommes qui aient une foi qui s'articule sur la vie, qui l'informe, qui l'inspire et qui donne un style particulier de vie engagée. Bref une foi qui soit une adhésion libre, consciente, à une personne, la personne du Christ[282] ... » Ce témoignage de foi et de charité peut inspirer les autres à découvrir la foi en Jésus Christ. Pour arriver à être véritablement un ferment de la foi, la communauté chrétienne a besoin de se laisser imprégner et convertir par l'Evangile. Les évêques de la France, dans le *Texte national pour l'orientation de la catéchèse en France,* vont dans le même sens en disant : « Dans notre pays de 'vieille' chrétienté, les chrétiens ne pourront 'former une Église qui propose la foi' sans redécouvrir eux-mêmes le Christ et son Évangile comme une véritable nouveauté. 'Notre Église tout entière doit se mettre davantage en état d'initiation, en percevant et en accueillant plus résolument la nouveauté de l'Évangile pour pouvoir elle-même l'annoncer'[283] »

2.10. Formation des agents pastoraux

La nouvelle évangélisation demande une nouvelle manière de faire. Cela demande également une préparation pour les agents pastoraux. Quelle formation pour répondre à l'évangélisation d'aujourd'hui ? À mon avis, cette nouvelle évangélisation demande beaucoup en ce qui concerne non seulement la manière de faire mais aussi la manière d'être. Il faut donc une formation appropriée comme le remarque le pape François : « ... l'Église a besoin d'un regard de proximité pour contempler, s'émouvoir et s'arrêter devant l'autre chaque fois que cela est nécessaire... L'Église devra initier ses membres – prêtres, personnes consacrées et laïcs – à cet 'art de l'accompagnement'[284].... » Cela demandera une attitude d'humilité, de ne pas juger mais cheminer avec la personne pour mieux la connaitre afin de mieux

---

[279]Chiara LUBICH, *Pensée et spiritualité,* dans *Nouvelle cité*, 554 (mars-avril 2012), p. 22.
[280]SANTEDI, p. 137.
[281]*Ibidi.*, p. 138.
[282]*Ibidi.*, p. 138.
[283]Les évêques de France, *Texte national de catéchèse...*, p. 16
[284]*EG*, nº 169.

l'accompagner. « Celui qui accompagne sait reconnaître que la situation de chaque sujet devant Dieu et sa vie de grâce est un mystère que personne ne peut connaître pleinement de l'extérieur[285]. » Tout cela demande des agents pastoraux qui sont humains et sensibles aux préoccupations de l'homme. Voilà ce dont la nouvelle évangélisation aujourd'hui a besoin : des évangélisateurs qui sont « des experts en humanité, qui connaissent à fond le cœur de l'homme d'aujourd'hui, participent à ses joies et à ses espoirs… et en même temps qui soient des contemplatifs passionnés de Dieu[286]. »

Également, il y a un changement à faire dans la mentalité et l'approche de l'action évangélisatrice. Il y avait, remarque Routier, la « tendance à survaloriser l'émetteur et à minimaliser le rôle du sujet réceptif[287]. » Les fidèles étaient relégués à une position de recevoir et enregistrer. « Dans cette perspective, on favorisait l'apprentissage de définitions plutôt que le développement d'une compétence d'interprète de son existence à la lumière de la Révélation[288]. » Pourtant, le changement dans la société en général induit que : « le récepteur est réellement sujet d'initiative, capable de transformer le message qui lui est destiné. Cela remet au premier plan un élément trop négligé jusque-là, à savoir que les personnes à qui l'Évangile est proposé sont de véritables interprètes et que la réception de l'Évangile est un processus actif. Du coup, l'Église est considérée comme une communauté d'interprète où tous, sujets actifs, sont à l'écoute du Verbe. Il n'y a plus deux classes de fidèles, mais tous sont auditeurs ou disciples du Maitre. Le récepteur n'est pas simplement un sujet passif, qui enregistre et emmagasine un message, mais un être libre mis en cause par une parole[289]. » La personne qui reçoit le message de l'Évangile n'est pas passive car elle entre en dialogue après lequel elle peut accueillir ou pas ce message. Ainsi, « …la personne qui reçoit devient partenaire, actif et de plein droit, dans cette activité communicationnelle de plus en plus conçue comme échange entre inter-locuteurs. La communication ecclésiale n'est plus considérée comme un processus linéaire à sens unique, qui va de l'émetteur au récepteur, mais plutôt comme une action circulaire ou dialogue[290]. »

Apprendre la langue et les coutumes des gens évangélisés était un principe incontournable pour un missionnaire. Il en va de même aujourd'hui aussi. Le monde en mutations constantes demande aussi autant de mutations dans l'approche de l'évangélisation. Pour maintenir le dialogue avec le monde l'Église a besoin de parler la langue de l'homme moderne ; la langue du sujet, de la liberté, de la démocratie et du dialogue. C'est l'esprit du Concile de Vatican II dans, *Presbyterorum ordinis,* le décret sur le ministère et la vie des prêtres : « Écouter volontiers les laïcs, tenir compte fraternellement de leurs désirs, reconnaitre leur expérience et leur compétence dans les différents domaines de l'activité humaine, pour pouvoir avec eux lire les signes des temps[291]. » Cela ne vient pas automatiquement. Une formation appropriée est nécessaire.

---

[285]*EG*, nº 172.

[286]*RM*, nº 30.

[287]ROUTHIER, *Catéchèse pour adultes* dans Henri DERROITTE, *Théologie, mission et catéchèse*, p. 39.

[288]*Ibid.*, p. 39.

[289]*IBID.*, p. 39.

[290]*Ibid.*, p, 39.

[291]Concile Vatican II, *Presbyterorum ordinis, Décret sur le ministère et la vie des prêtres,* Rome, 1965, nº 9.

Conclusion

Voilà les propositions que j'estime pouvoir aider l'Église d'Afrique, en particulier celle du Congo, pour la personnalisation de la foi. Ces propositions touchent différents éléments de l'évangélisation, notamment : le contenu, l'approche, et les attitudes pour en citer quelques-uns. Cela montre que l'évangélisation n'est pas une simple stratégie qu'on peut accomplir simplement par le savoir-faire car cela touche aussi la manière d'être. Donc, l'Église d'Afrique devrait revisiter la manière dont elle se perçoit elle-même et sa manière d'évangéliser. C'est pour cela que les *Lineamenta* du synode des évêques, sur la nouvelle évangélisation, affirment qu'il ne suffit pas d'avoir une stratégie pour arriver à une évangélisation efficace et féconde, mais la manière d'être comme Église compte aussi. Donc, c'est également une question d'ecclésiologie. Je peux dire ainsi que la nouvelle évangélisation, à travers ces propositions, est un appel à l'Église à se laisser transformer par l'Évangile pour qu'elle soit un ferment qui inspire et encourage la foi en Jésus Christ dans le monde d'aujourd'hui.

CONCLUSION GÉNÉRALE

J'arrive à la fin de ce travail que je considère comme un éveil de conscience pour moi, et probablement pour d'autres agents pastoraux en Afrique, sur les effets de la sécularisation qui guette le christianisme en Afrique. Il est temps de reconnaître que malgré l'image toute prometteuse du christianisme en Afrique, les effets de la sécularisation sont un défi réel pour l'évangélisation. Comme en Occident l'Église en Afrique a besoin du même effort et même détermination pour entrer dans la manière d'évangélisation que ce temps moderne exige.

C'est pour cela que dans la première partie j'ai essayé de regarder et d'analyser de tout près ce phénomène religieux comme il se présente en Afrique. J'ai constaté que le christianisme doit beaucoup à l'influence culturelle, et moins aux choix et à l'expérience personnelle. Bien sûr, c'est un atout que la pratique religieuse soit soutenue par l'organisation et la mentalité sociale. Mais ce patronat fragilise le christianisme car il est à la merci du changement et des mentalités qui règnent dans la société. Également, si la pratique religieuse est étroitement liée à la recherche de solutions aux questions matérielles, que devient-elle cette religion au moment où il y a des sources alternatives de réponses ? Cette base du christianisme n'est pas solide. La question que je me pose la voici : n'y-a-il pas une fondation, plus sûre et plus solide, sur laquelle l'Église d'Afrique peut aider les gens à construire leur foi ? Cela m'a conduit à revoir la question de l'évangélisation.

Donc, dans la deuxième partie j'ai réfléchi sur l'évangélisation dans son sens, son histoire et son renouvellement. L'évangélisation a comme but de rendre possible la rencontre de l'individu avec la Bonne Nouvelle du salut, qui est la personne de Jésus Christ. Bien que la foi ne soit pas une affaire privée, mais plutôt celle de toute une communauté ecclésiale, cependant, la foi chrétienne est fondamentalement un choix libre fondé sur une relation personnelle avec Jésus Christ. Le fait du choix libre et personnel conduit la personne à un engagement sérieux et la rend capable de résister au déraillement que peuvent présenter les mutations de la société moderne. En plus, cela aide la personne à s'engager dans le monde, même par la vie professionnelle avec les valeurs évangéliques. L'Église d'Afrique devrait donc aller dans cette direction si elle veut une foi qui transforme et la personne et sa société.

Pour y arriver cela demande une nouvelle manière d'évangéliser. C'est à la foi une nouvelle manière d'être et de faire car il ne s'agit pas uniquement de nouvelles méthodes, mais aussi de nouvelles attitudes et mentalités, pour l'évangélisateur comme pour l'évangéliser. Voilà pourquoi dans la troisième partie, à la suite de la réflexion sur l'évangélisation en deuxième partie, j'ai tenté de proposer quelques pistes pastorales qui pourront répondre aux situations qui font problème comme évoquées dans la première partie.

Finalement, quel est le sens que je donne à ce travail ? Quels que soient le ton ou l'impression que peuvent donner certains expressions ou paroles de ce travail, il n'est pas inspiré par le scepticisme ni le désespoir. Je suis reconnaissant du travail immense d'évangélisation qui est déjà fait avec beaucoup de dévouement, de sacrifice et de bonne volonté. Il a été fait selon les possibilités et les mentalités des époques différentes dans l'histoire. L'évangélisation n'est pas achevée car c'est une question permanente. Mon travail s'inscrit dans ce souci qui doit toujours accompagner chaque activité d'évangélisation : comment faire ou que faire pour annoncer la Bonne Nouvelle à l'homme d'aujourd'hui dans son milieu ? Cela demande l'audace d'évaluer ce que nous faisons avec franchises mais aussi avec l'humilité d'accepter les erreurs en vue d'avancer. Même les propositions que j'ai faites ne sont que des perspectives, un chantier à travailler.

J'espère que ce travail porte une lumière pour l'action pastorale à la paroisse St-Étienne, à Kinshasa, et ailleurs en Afrique. Que le choix de la foi en Jésus Christ soit un ferment de transformation pour le croyant et son entourage.

Bibliographie

BIBLE

La Bible Segond 21, Genève, Société biblique de Genève, 2013.

DOCUMENTS DU MAGISTERE

Concile Vatican II, *Ad Gentes, Décret sur l'activité missionnaire de l'Eglise*, Rome, 1965.

Concile Vatican II, Dei *Verbum, Constitution dogmatique sur la révélation divine*, Rome, 1965.

Concile Vatican II, *Gaudium et spes, Constitution pastorale sur l'église dans le monde de ce temps*, Rome, 1965.

Concile Vatican II, *Presbyterorum ordinis, Décret sur le ministère et la vie des prêtres*, Rome, 1965.

Conférence épiscopale nationale du Congo, *Nouvelle évangélisation et catéchèse dans la perspective de l'Eglise famille de Dieu en Afrique*, Kinshasa, 2000.

Déclarations des évêques de Belgique, *Devenir adulte dans la foi, La catéchèse dans la vie de l'Eglise*, Nouvelle série 34 (2006).

Les évêques de Belgique, *Être chrétien aujourd'hui, Lettre pastorale*, Bruxelles, 2012.

Les évêques de France, *Texte national pour l'orientation de la catéchèse en France*, Paris, 2006.

PAPE BENOIT XVI, *Allocution à l'Angélus du 28 octobre, suite à la messe de clôture du Synode*, Rome, 2012.

PAPE BENOÎT XVI, *Lettre encyclique, Deus Caritas est*, Rome, Libreria Editrice Vaticana, 2005.

PAPE FRANÇOIS, *Discours à l'assemblée plénière du Conseil pontifical pour les laïcs*, Rome, 2016.

PAPE FRANCOIS, *Exhortation apostolique, Evangelii Gaudium, sur l'annonce de l'Evangile dans le monde d'aujourd'hui*, Rome, Libreria Editrice Vaticana, 2013.

PAPE FRANCOIS, *Homélie de messe chrismale*, Rome, 2013.

PAPE JEAN-PAUL II, *Discours à l'Assemblée du CELAM*, Port-au-Prince, 1983.

PAPE JEAN-PAUL II, *Exhortation apostolique post-synodale, Christifideles laici, sur la vocation et la mission des laïcs dans l'Eglise et dans le monde*, Rome, Libreria Editrice Vaticana, 1988.

PAPE JEAN-PAUL II, *Exhortation apostolique post-synodale, Ecclesia in Africa, sur l'église en Afrique et sa mission évangélisatrice vers l'an 2000, Yaoundé, 1995.*

PAPE JEAN-PAUL II, *Lettre encyclique, Fides et ratio*, Rome, Libreria Editrice Vaticana, 1998.

PAPE JEAN-PAUL II, *Lettre encyclique, Redemptoris missio, sur la valeur permanente du précepte missionnaire*, Rome, Libreria Editrice Vaticana, 1990.

PAPE JEAN-PAUL II, *Nouvelle évangélisation, promotion humaine, culture chrétienne, 'Jésus-Christ hier, aujourd'hui et toujours' (He 13,8), Discours inaugural de la IVème Conférence générale de l'épiscopat latino-américain à Saint Domingue*, Paris, Cerf, 1993.

PAPE PAUL VI, *Exhortation apostolique, Evangelii nuntiandi, sur l'évangélisation dans le monde moderne*, Rome, Libreria Editrice Vaticana, 1975.

PAPE PIE XII, *Lettre encyclique, Summi Pontificatus*, Castel-Gandolfo, Libreria Editrice Vaticana, 1939.

Prière du temps présent, Hymne de Laudes, Commun d'un martyr, Paris, Cerf, 1993.

Synode des évêques, *Lineamenta, XIIIème assemblée générale ordinaire, la nouvelle évangélisation, pour la transmission de la foi chrétienne*, Rome, Libreria Editrice Vaticana, 2011.

Synode des évêques, *Instrumentum laboris*, XIIIème *assemblée générale ordinaire, la nouvelle évangélisation pour la transmission de la foi chrétienne*, Rome, Libreria Editrice Vaticana, 2012.

Synode des évêques, *Rapport final,* XIVème Assemblée générale ordinaire,
La vocation et la mission de la famille dans l'Église et dans le monde contemporain, Rome, Libreria Editrice Vaticana, 2015.

Synodes des évêques, *Message au peuple de Dieu, XIIIème Assemblée générale ordinaire,* Rome, 2012.

Synodes des évêques, *Instrumentum laboris, 2ème synode des évêques d'Afrique, L'Eglise en Afrique au service de la réconciliation, de la justice et de la paix*, Rome, 2009.

OUVRAGES

ABGRALL J.-M., *La mécanique des sectes*, Paris, France loisir, 1996.

BACQ Ph., *Une nouvelle chance pour l'Evangile, vers une pastorale d'engendrement*, Bruxelles, Lumen vitae, 2004.

BOFF L., *La nouvelle évangélisation, dans La perspective des opprimés*, Paris, Cerf, 1992.

BOSCH J. D., Dynamique *de la mission chrétienne, Histoire et avenir des modèles missionnaires*, Paris, Karthala, 1995.

DE ROSNY E., *L'Afrique des guérisons*, Paris, Karthala, 1992.

DERROITTE H., *Théologie, mission et catéchèse*, Bruxelles, Lumen Vitae, 2002.

Des prêtres noirs s'interrogent, Paris, Cerf, 1957.

DUMAIS M., *La nouvelle évangélisation*, Montréal, Médiaspaul, 2012.

ELA J.-M., *Ma foi d'Africain*, Paris, Karthala, 1985.

GAGEY H.-J., *La nouvelle donne pastorale*, Paris, Editions de l'Atelier, 1999.

GAUCHET M., *La religion dans la démocratie, Parcours de la laïcité*, Paris, Gallimard, 1998.

GIGUERE P.-A., *Catéchèse et Maturité de la foi*, Bruxelles, Lumen vitae, 2002.

HEBGA M. P., *Le ministère de la guérison : monopole des sectes et Églises indépendantes*, dans *C.R.A*, (1993-1994).

KÄ MANA, Nouvelle *évangélisation en Afrique*, Paris, Karthala, 2000.

KIBWENGE EL-ESU F., *Les enfants-sorciers en Afrique*, Paris, L'Harmattan, 2008.

LE BOURGEOIS P., *Pour annoncer l'Evangile aujourd'hui*, Paris, Salvator, 2010.

MANNS F., Qu'est-*ce que la nouvelle évangélisation?*, Montrouge Cedex, Bayard, 2012.

MAURIER H., *La religion spontanée, philosophie des religions traditionnelles d'Afrique noire*, Paris, L'Harmattan, 1997.

MESLIN M., *L'homme et le religieux, Essai d'anthropologie*, Paris, Honoré champion, 2010.

MESSINA J.-P., *Christianisme et quête d'identité en Afrique*, Yaoundé, Editions Clé, 1999.

METOGO M. E., *Dieu peut-il mourir en Afrique, essai sur l'indifférence religieuse et l'incroyance en Afrique noire*, Yaoundé, UCAC, 1997.

MOOG F., et MOLINARIO J. (dir.), *La catéchèse au service de la nouvelle évangélisation*, Paris, Desclée de Brouwer, 2013.

MOREAU R., Guide *de Lecture de Dei Verbum*, Perpignan, Artege, 2012.

MPISI J., Le *cardinal Malula et Jean-Paul II, Dialogue difficile entre l'Eglise 'africaine' et le Saint-Siège*, Paris, L'Harmattan, 2005.

NIEBUHR H. R., *Faith on Earth, an inquiry into the structure of human faith*, London, Yale university press, 1989.

NTEZIMANA L., *notes de cours, La résolution de nos conflits par la Bonne Puissance*, Namur, Institut Lumen Vitae, 2016.

PRUDHOMME C., *Missions Chrétiennes et colonisation, XVIe- XXe siècle*, Paris, Cerf, 2004.

ROCHE J.-P., *La nouvelle évangélisation raconté à ceux qui s'interrogent,* Paris, De l'atelier, 2013.

ROUET A., *Un nouveau visage d'Église, L'expérience des communautés locales à Poitiers*, Paris, Bayard, 2005.

SANTEDI L., *Les défis de l'évangélisation dans l'Afrique contemporaine*, Paris, Karthala, 2005.

SHORTER A., et ONYANCHA E, *Secularism in Africa: A Case Study: Nairobi*, Nairobi, Paulines Publications, 1997.

SMITH C. W., *Faith and belief*, Princeton, Princeton university press, 1987.

VERGOTE A., *Humanité de l'homme divinité de Dieu*, Paris, Cerf, 2006.

VERGOTE A., *Religion, foi, incroyance ; étude psychologique*, Bruxelles, Pierre Mardaga, 1983.

REVUES ET ARTICLES

Chiara LUBICH, Pensée et spiritualité, dans Nouvelle cité, 554 (mars-avril 2012).

DE CHARENTENAY P., *La nouvelle évangélisation, cahiers pour croire aujourd'hui*, Paris, Assas éditions, 1991.

DELZANT A, *Quelques défi de la culture contemporaine pour l'annonce de la foi*, dans *catéchèse*, 114 (janvier 1989).

KIALUTA D., *Le cardinal et la relation Eglise-société*, dans CHEZA M., et Mpundu J., (Dir.), *Le Cardinal Malula, Mission de l'Eglise*, supplément 126 (janvier 2000).

LUKULUNGA E, V., *La surchristinisation au quotidien à Kinshasa, Une lecture de l'autre face de la religion*, dans Congo-Afrique, 368 (2002).

ROUET A., *La vie de l'église et la société aujourd'hui*, dans *Revue Spiritus*, 220 (septembre 2014), p. 289-299.

SEMPORE S., *Religion populaire en Afrique*, dans *Concilium*, 206 (1986).

Union pontificale Missionnaire secrétariat international, *Mission pour le troisième millénaire*, Rome, 1992.

COURS, CONFERENCES ET AUTRES

BILLE L.-M. (Mgr), *Conférence d'ouverture, Assemblée plénière des évêques de France*, Lourdes, 2000.

Lettre de dirigeants Indiens à Jean-Paul II, lors de sa visite au Pérou en 1985.

NTEZIMANA L., *notes de cours, La résolution de nos conflits par la Bonne Puissance*, Namur, Institut Lumen Vitae, 2016.

PAPE PAUL VI, Discours à Kampala, 1969.

VAN DEN BOSSCHE S., *Notes de cours, L'évolution de la catéchèse dans un monde sécularisé et pluraliste*, Namur, Institut Lumen Vitae, 2016.

SOURCES INTERNET

BLOK J.C. M., *Christianisme et quête d'identité en Afrique, La genèse et l'évolution de la théologie africaine dans la tradition ecclésiale catholique romaine*, en ligne, http://larevuereformee.net/articlerr/n228/christianisme-et-quete-didentite-en-afrique, consulté le 14 mars 2017.

DANNEELS G., *Croire, une démarche fondamentale de notre humanité, Conférence sur la foi au Centre Religieux Universitaire (CRU) de Namur*, 2010, en ligne, site du diocèse de Namur, http://namur.diocese.be/default.asp?X=4FEC8CB6CD667A7862627A6363080201061065787 00B061071710F07166678640A0704004A, consulté le 13 mars 2017.

KIPANZA TUMWAKA Bertin, *Le ministère de guérison en Afrique, Chance et défi pour l'Église*, dans *Nouvelle revue théologique,* 122 (2000) 416-430, PDF : http://www.nrt.be/docs/articles/2000/122-3/491-Le+minist%C3%A8re+de+gu%C3%A9rison+en+Afrique.+Chance+et+d%C3%A9fi+pour+l%27%C3%89glise.pdf.

LEFEBVRE S., *Homélie du troisième dimanche de carême A*, en ligne : http://francoisassise.homestead.com/hom_car3_2014a.html, consulté, 17/03/2017.

Les dernières paroles de Steve Jobs ont fait pleurer le monde entier, http://www.buzzy.social/2016/05/09/les-dernieres-paroles-de-steve-jobs-ont-fait-pleur/, consulté le 11 mars 2017.

SAINT AUGUSTIN, Confessions 1, 1,1, en ligne : http://livres-mystiques.com/partieTEXTES/Staugustin/confessions/livre1.htm.

SAINT IRENEE DE LYON, *Contre les hérésies*, https://catholicapedia.net/Documents/saint_irenee-de-lyon/St.Irenee-de-Lyon_Traite-Contre-les-Heresies_Livre-4.pdf.

TUMWAKA. B., *Le ministère de guérison en Afrique, Chance et défi pour l'Église*, en ligne : http://docplayer.fr/31231768-Le-ministere-de-guerison-en-afrique-chance-et-defi-pour-l-eglise-1.html, consulté le 11 mars 2017.

VAN DEN TOREN B., *Secularisation in africa: a challenge for the churches*, in *Africa Journal of Evangelical Theology*, 22.1(2003), pdf: https://biblicalstudies.org.uk/pdf/ajet/vols/22-1.pdf.

YENGE, B. A., *Service de l'habitat et état civil de la commune de Kisenso*, Kinshasa, 2010, en ligne : http://www.memoireonline.com/01/14/8548/m_Evaluation-de-la-consommation-du-bois-energie-dans-les-menages-de-la-commune-de-Kisenso--RDC-et17.html.

Printed by Books on Demand GmbH, Norderstedt / Germany